Herbert Fuchs – NUR EINER KANN HELFEN

W0171685

Widmung

Dieses Buch widme ich meinen Kindern, Enkeln und Urenkeln, unseren geistlichen Kindern – und ihren Werken – dazu
den Jungen und Alten in aller Welt, die durch ihre Abenteuer
mit Jesus mit mir verwandt sind. Dabei denke ich ganz persönlich an Menschen in Afrika, Europa, Israel, Rußland und
den Vereinigten Staaten.

Alles, was hier berichtet ist, hat sich wirklich ereignet. – Aus
begreiflichen Gründen wurden einige Namen, Orte und Zeiten
geändert.

NUR EINER KANN HELFEN

Tatsachenberichte von

HERBERT FUCHS

BRUNNQUELL-VERLAG
DER BIBEL- UND MISSIONS-STIFTUNG
7418 METZINGEN

1. Auflage: Oktober 1975
2. Auflage: Januar 1976
3. Auflage: Juli   1976
4. Auflage: April   1977
5. Auflage: März   1978

© 1975 für die deutsche Ausgabe
by Brunnquell-Verlag der Bibel- und Missions-Stiftung 7418 Metzingen

Satz und Druck: Chr. Killinger GmbH, Buch- und Offsetdruck, Reutlingen
Einband: Idupa, Owen/Teck
Umschlagfoto: Adelheid Heine-Stillmark
Umschlagentwurf: Helmut Sigle, Engelsbrand

Printed in Germany

Kart.-Ausgabe ISBN 3 7656 0085 7
Leinen-Ausgabe ISBN 3 7656 0088 1

Vorwort

Herbert Fuchs darf als ein von Jesus Erwählter und Bevollmächtigter angesehen werden. Genau das zeigen die hier wiedergegebenen Berichte aus seinem Leben. Man könnte sie mit vollem Recht auch »Abenteuer mit Jesus« nennen. –

Dabei geht es dem Verfasser nicht um sein eigenes Leben, sondern allein um Jesus und sein Wirken. –

Wer sich mit Jesus einläßt, entdeckt, daß sich das Leben lohnt. Er erlebt viel und Wesentliches. Da ist es aus mit der Langeweile. Das Leben wird spannend, weil Jesus es führt. Er bestimmt den Weg. Er setzt Ziele und Aufgaben. Er verleiht die Kraft zum Gehen und Durchhalten. Er schenkt Gelingen über Bitten und Verstehen.

In Psalm 68, 20–21 faßt David, der königliche Psalmist, das alles so zusammen: »Gelobt sei der Herr täglich. Gott legt uns eine Last auf, aber er hilft uns auch. Wir haben einen Gott, der da hilft. Wir haben einen Herrn, der vom Tode errettet.« –

Von solchen Erlebnissen erzählt Herbert Fuchs unmittelbar, nüchtern und fesselnd. Was er berichtet, ist wahr. Ihm ist wirklich widerfahren, was und wie er es darstellt. Das darf ich aufgrund jahrzehntelanger Freundschaft bezeugen. Und ich tue es als einer, der ihn auf seinen oft sehr schweren Wegen ein Stück begleitet und mit ihm zusammengearbeitet hat: in der Seelsorge an gemeinsam zu tragenden Menschen, bei den Veranstaltungen der Medizinisch-Theologischen Arbeitsgemeinschaft in den Städtischen Krankenanstalten in Mannheim und bei den Geistlichen Wochen der Ev. Kirchengemeinde Mannheim. –

Immer wieder haben Freunde von Herbert Fuchs ihn gebeten, seine Erlebnisse mit Jesus aufzuschreiben, sie einem weiteren

Kreis und der Gemeinde Jesu nicht vorzuenthalten. Man braucht solche Berichte als Hilfe und Stärkung auf dem Glaubenswege.

Nun liegen sie vor! – In einer Zeit, in der Jesus weithin nur als Mensch unter Menschen verstanden und verkündigt wird, ist es wichtig zu bezeugen, daß Jesus als der Auferstandene und Herr aller Herren nach wie vor Wunder tut. Ihm ist wirklich alle Gewalt gegeben im Himmel und auf Erden. Er ist derselbe gestern, heute und in Ewigkeit.

Mainz, im Herbst 1975   Hans Rohrbach

Wie dieses Buch entstand . . .

Es begann schon vor Jahrzehnten. Der erste und prominenteste Anreger war unser alter Onkel Oskar. Die ganze Familie verehrte ihn. Als Professor der Mathematik kam er aus den USA in seine Heimatstadt Freiburg/Breisgau und in sein Elternhaus zurück. In seinen Mußestunden beschäftigte er sich mit Psychologie und religiösen Fragen. Glaubensaussagen lehnte er schroff ab. –

Als wir ihm aber von unserem Kommunistenführer Karl Schlagenhof und seinem wunderbarem Weg zu Jesus Christus berichteten, wurde er in seltsamer Weise bewegt und sagte: »Das müßt ihr aufschreiben und drucken lassen. So etwas muß festgehalten werden!« Onkel Oskar schrieb selbst an einem Buch mit dem in den dreißiger Jahren höchst verlockenden Titel: »Glaubenslose Religion.« Es fand viele und begeisterte Zustimmung, suchte er doch brennend nach einem Glauben für den modernen Menschen. Alle Segnungen des Christentums (Friede, Freude, Liebe usw.) sollten darin enthalten sein, aber *ohne* die »unmöglichen und lästigen, dogmatischen Grundlagen des christlichen Glaubens«. –

Am Ende seines Lebens muß er im Zusammenhang mit dem Tod seiner Frau Unerklärliches und Unaussprechliches erlebt haben, was mit seinem naturwissenschaftlich-mathematischen Weltbild unvereinbar war.

Eines Tages bat er mich: »Herbert, schicke mir den gläubigsten Pfarrer von ganz Freiburg. Es darf kein Modernist sein.« *Gern* erfüllte ich diesen unerwarteten Wunsch. – Wenige Wochen später wurde Onkel Oskar heimgerufen. Vorher hatte er den vollen Glauben und einen tiefen Frieden gefunden. Seine

Beerdigung war ein einziges Zeugnis für Jesus Christus, den Sieger über alle und über alles. Da Onkel Oskar nun tot und kein Mahner mehr da war, geriet auch seine Aufforderung, obengenannte Erlebnisse niederzuschreiben, wieder in Vergessenheit. Darüber vergingen zwei Jahrzehnte.

Dann trat ein zweiter Mahner in unser Leben, mein Freund Rudolf Bösinger. Anläßlich einer Medizinisch-Theologischen Arbeitstagung im Gästehaus der Steinzeugfabrik in Mannheim-Friedrichsfeld hörte er in einigen Berichten das Neueste aus unserer Arbeit aus dem Untergrund in Mainz. Das alles beeindruckte ihn so stark, daß er fast mit denselben Worten wie unser alter Onkel sagte: »Ihr müßt das alles aufschreiben! Unsere jetzige theologische und kirchliche Lage schreit geradezu nach Erfahrungsberichten – nach wirklichen Tatsachen ...« Damals hörte ich auch beim täglichen Bibellesen öfter den persönlichen Anruf an mich: Schreibe! –

Dann traten Ingrid und Walter Trobisch in die Reihe der Mahner. Als ich beiden die ersten 30 Seiten meines Entwurfs vorlas, ermunterten sie mich, genauso weiterzumachen. Aber immer blieb es bei ersten Anfängen. Ich mag eben gern erzählen, aber das Schreiben liegt mir nicht.

Bald aber folgten deutlichere Anstöße: Da waren zunächst eine Oberin und ein Direktor des großen und weltweiten Marburger Werks. Nach einem meiner Vorträge saßen beide beisammen und fragten sich, was man nur tun könne, daß diese wichtigen Erlebnisberichte für den Druck festgehalten werden. – Mitten in dieses Gespräch platzte ich hinein.

Gleich am nächsten Tag ergab sich in einem ganz anderen Kreis eine ähnliche Anregung: ich sollte bei einer Akademikertagung an mehreren Abenden von meinem Leben und Arbeiten erzählen. Ich tat es, und die Veranstalter nahmen alles auf Tonband auf. So zog ich im Spätjahr 1966 dankbar mit sechs vollen Tonbändern aus Marburg heimwärts. Das Problem

8

des Abschreibens löste sich bald, als ich nach einiger Zeit völlig überraschend in der Wertheimer Stadtkirche meinen bereits erwähnten Freund Rudolf Bösinger traf. Kaum waren wir ins Gespräch gekommen, klopfte er mir kräftig auf die Schulter und sagte: »Du alter Langweiler, wann kommt denn nun endlich Dein Lebensbuch heraus?« Als ich ihm darauf die Sache mit den Tonbändern erzählte, fiel er mir gleich ins Wort: »Siehst Du, und ich habe bereits den Schreiber, der alles abschreibt. Ein befreundeter Fabrikant im Schwarzwald beschäftigt einen Blinden, der schreibt es Dir, und es kostet dich keinen Pfennig.« Und wahrhaftig: Monate später hatte ich meine Berichte in einem dicken Ordner. Was wollte ich eigentlich *noch* mehr?

Nun hätte es eigentlich mit Volldampf ans Werk gehen können. Aber Krankheit, schweres Erleben und allerlei Widrigkeit kamen dazwischen. Vor allem packte mich immer wieder die Sorge, daß ich selbst bei dem Erzählen zu stark in den Vordergrund treten könnte. Und es sollte ja doch nicht von meinem Leben, sondern von dem Erleben mit Christus berichtet werden.

Aber genau in jenen Tagen, da ich wieder einmal darum mit mir rang, fand ich im Buch Tobias, jenem köstlichen kleinen Buch aus den biblischen Apokryphen, das meine Frau so besonders geliebt hatte, ein Wort, das wie ein Blitz bei mir einschlug. Es lautet: »Der Könige und Fürsten Rat soll man verschweigen! Aber Gottes Werke soll man herrlich preisen und offenbaren!« Als ich das las, wurde mir auf einmal froh und frei ums Herz. Es war, als riefe es mir meine liebe Frau, die doch immer meine beste Ratgeberin gewesen war, aus Himmelshöhen zu. Ja, unter diesem Aspekt kann und soll das Buch mit all seinen oft so aufregenden und abenteuerlichen Erlebnissen geschrieben werden: Gottes Werke herrlich preisen und offenbaren!

So und in keiner anderen Absicht habe ich das Buch geschrieben. Hier ist es.   Herbert Fuchs

ANFÄNGE

Feuer – Wasser – Erde

Diese drei Elemente haben in eigenartiger Weise meine früheste Jugend bestimmt. Da ist also zunächst die Wassergeschichte. Sie spielt in der alten Goldstadt Pforzheim. Dort durfte ich jedes Jahr meine Großmutter mütterlicherseits besuchen. Sie war eine einfache und strenge Frau alter Schule und sah es als ihre besondere Aufgabe an, mich, das »Früchtle aus Berlin« – stramm zu erziehen. Merkwürdigerweise ist das nicht schief gegangen. Im Gegenteil: was wäre wohl aus mir geworden, wenn *sie* mich nicht zu Beginn meines Daseins und dann noch einmal nach dem Tod meines Vaters fest in ihre Kur genommen hätte ... unausdenkbar! –

An zwei Streichen, die ich verübt habe, ist das zu ersehen: einmal entwischte ich ihrer sorgsamen Aufsicht und lief den Pforzheimer Lausbuben nach. An der Enz war ein Wasserfall, der über eine Reihe bemooster Bretter herunterlief. Das bot meinen Altersgenossen eine feine Gelegenheit: sie zogen Schuhe und Strümpfe aus und rutschten dann barfuß die Enz hinunter bis zu der Stelle, wo sich das Wasser etwa ein bis zwei Meter tief schäumend ergoß. Prompt an dieser Stelle stoppten sie, arbeiteten sich auf den glitschigen Brettern rechts und links ans Land und liefen wieder an den Anfang der Bretter zurück. Das war ein großartiges Spiel, eine Art Vorläufer von Wasserskilaufen, nur eben ohne Bretter an den Füßen.

Ich sah mir das alles lange und aufmerksam an. Schließlich dachte ich: was die können, kann ich wohl auch. Also: Schuhe und Strümpfe aus und rein ins Wasser. Nur eins hatte ich nicht bedacht: was die Pforzheimer Jugend da wagte, war jahraus-jahrein geübt und gekonnt. Also kam, was kommen mußte: ich brachte das Stoppen direkt am Rande des Wasserfalles nicht zuwege. So schoß ich die moosbedeckten Bretter herab und mitten in den Wasserfall und seinen tiefen Strudel hinein. Was dann kam, weiß ich nicht mehr. Ich wäre sicher ertrunken, – meine Kameraden machten sich vor lauter Schreck alle aus dem Staub – wäre nicht ein Goldarbeiter, der gerade des Weges kam, in die Fluten gesprungen und hätte mich gerettet. Nach geglückter Wiederbelebung legte er mich auf die Wiese an der Enz, wobei ich ihm hoch und heilig versprechen mußte, gleich heimzugehen. Leider tat ich das aber nicht, sondern schlief aus lauter Angst vor meiner gestrengen Großmutter sorgenvoll dort ein. Im Mondschein fand mich schließlich die Großmutter neben dem Wasserfall friedlich schlafend. Natürlich gab es eine gehörige Tracht Prügel und einige Tage Hausarrest. Beides hatte ich reichlich verdient. –

Wenn ich heute an dieses Pforzheimer Wassererlebnis denke, dann erwacht immer wieder in mir die Frage: warum wurde ich damals gerettet? Fast zur gleichen Zeit ertrank fast eine ganze Schulklasse an der Mainschleuse in meiner Geburtstadt Offenbach am Main, als ich gerade dort zu Besuch war. Das erschütterte die ganze Stadt und ihre Umgebung ... *und* auch mich. Heute ertrinken jährlich Tausende in Sturmfluten, werden einfach von den Wellen verschlungen. Warum fand sich damals für mich, das kleine Besuchskind in Pforzheim, in dem Goldarbeiter ein Retter – warum? –

Einige Jahre später griff das *Feuer* nach meiner Familie und mir: Mein Vater leitete damals ein kaufmännisches Unternehmen. Seit einiger Zeit hatte er ganz seinen christlichen Glauben verloren. Seine Freunde waren lauter kämpferische Freidenker. Vielleicht war diese innere Leere daran schuld, daß er völlig unter die Macht des Alkohols geriet.

Wenn ein Vater ans Trinken kommt, geht nicht nur in seinem Herzen sondern auch in seiner ganzen Familie das Licht aus und die Sonne unter. Noch heute, nach mehr als 60 Jahren, kann ich nur mit Schrecken an jene Zeit voller Finsternis zurückdenken. Ich litt sehr darunter und verlebte eine sonnenlose Jugendzeit. Vielleicht half ich deshalb Jahrzehnte später gern mit, als es galt, in Mannheim einen Verein und ein großes Haus für Alkoholiker zu eröffnen. Ich tat das meinem längst verstorbenen Vater zulieb.

Sein bester Freund damals hieß Remo. Er war mit seinem Unglauben tonangebend und trank wie ein Tier. Eines Sonntags waren meine Eltern und ich zu Remos eingeladen. Ich sehe noch sein fürstlich eingerichtetes Herrenzimmer vor mir. Die Sprache der Freunde kam auf den Glauben. Als die atheistischen Schmähreden der bereits stark alkoholisierten Männer ihren Höhepunkt erreicht hatten, rannte der Gastgeber an seinen Bücherschrank, riß die Tür auf, zog ein dickes Buch heraus und schrie: »Zum Zeichen, daß der ganze Christenglauben lauter Schwindel ist, verbrenne ich jetzt meine alte Familienbibel.« Die Frauen – obwohl auch keineswegs gläubige Christen – wollten schon mit Rücksicht auf die anwesenden Kinder solch gotteslästerliches Tun verhindern. Aber vergeblich. Die Männer ließen sich nicht abhalten. Es war in der Weihnachtszeit. Trotz allem Atheismus stand ein Weihnachtsbaum im Zimmer. Ein runder, großer, prächtig verzierter gußeiserner Ofen, wie sie damals noch Mode waren, brannte kräftig und behaglich zugleich, fast bis oben an mit Kohlen gefüllt. Herr Remo öffnete die Ofenklappe und warf das alte Bibelbuch hinein. Der sonst so nervöse und jetzt auch durch den Alkohol erregte Mann war dabei ganz still. Er trug fast so etwas wie eine gespielte Feierlichkeit zur Schau, als handele es sich um eine Art teuflischen Gottesdienst, schwarze Messe würde man heute sagen. In Wirklichkeit war es eine freche Herausforderung Gottes. Auch die beiden anderen Männer befanden sich in ähnlicher Verfassung. Sie wußten nicht, was sie taten.

Die Mütter aber und wir Kinder standen starr vor Schrecken. Was würde geschehen? Zunächst gar nichts: Wie ein Kind still auf dem Bett, so lag das dicke, alte, in Leder gebundene Buch auf dem Kissen der roten Glut. Dann aber fing die Bibel mit ihren etwa 1400 Seiten an zu brennen. Zuerst brotzelte die Lederumhüllung. Dann fingen die vielen Seiten Feuer und breiteten sich auf einmal zusammen mit dem Buchdeckel unerwartet derart aus, daß die sich ständig weiter ausdehnende Brandmasse den Ofendeckel öffnete. Eine Lava von brennendem Papier ergoß sich auf den Boden und auf die kostbaren Teppiche. Im Nu fingen sie und auch die Sessel Feuer. Beide Missetäter und wir Zuschauer waren zuerst so entsetzt, daß wir alle zu keiner Handlung fähig waren. Nur meine Mutter, eine stille und zurückhaltende Frau, der in diesem Kreis niemand viel zutraute, zeigte Geistesgegenwart. Während wir alle in Küche und Bad nach Wasser zum Löschen rannten, übersah sie mit einem Blick, daß es dazu längst zu spät war. Geradezu militärisch befahl die sonst so schüchterne Frau: »Alle hier raus! *Ich* alarmiere die Feuerwehr.« *Wie* ihr das in der Eile gelungen ist, weiß ich heute nicht mehr. Der Schock für uns alle, besonders für uns Kinder war zu groß. Ich höre nur noch den plötzlich ernüchterten Hausherrn wie ein Besessener fluchen.

Als wir am nächsten Tag wieder zu Remos kamen, sahen wir das ganze Ausmaß des Unheils: Aus dem schönen Haus war eine Ruine geworden. So hatte Gott die Schandtat an seiner Bibel geahndet. Meine liebe Mutter, die – obwohl damals noch nicht gläubig – doch aus der Ehrfurcht heraus lebte, half mir aus meinen schweren Schock heraus, daß aus Angst und Schrecken Gottesfurcht wurde. Sie hat von da an mein Leben begleitet und wurde zur Grundlage meines kindlichen Glaubens.

So haben nicht nur Wasser und Feuer nach mir gegriffen, sondern in beidem – wie dann immer wieder – Gottes allmächtige Hand. Um meinen himmlischen Vater zu finden, mußte ich damals erst meinen irdischen Vater verlieren – durch ein frühes, schweres Ende. Ohne diesen Eingriff Gottes, der mächtiger war als Feuer und Wasser, war meiner Mutter und mir offensichtlich nicht zu helfen. Am Grab meines Vaters – ich war dreizehn Jahre alt, und wir wohnten damals in Berlin – sagte meine im Badener Land lebende Großmutter: »diesen Waisenbub nehme ich mit zu mir nach Graben.«

So wurden meine Mutter und ich aus der Weltstadt Berlin in die süddeutsche Landgemeinde Graben-Neudorf verpflanzt. Hier, wo einst mein Urgroßvater als Förster gewirkt hatte, fanden meine Mutter und ich genau das, was wir jahrelang gebraucht und umsonst gesucht hatten: »Boden unter den Füßen.« Halt durch die Heimaterde – und Heimat bei Gott. Denn hier in Graben ging meiner Mutter und mir im doppelten Sinn die Sonne auf, die uns in Berlin gefehlt hatte. Denn – ich sagte es schon – wo in einem Haus der Vater Trinker wird, geht das Licht aus und die Sonne unter.

Jetzt aber erfuhren wir: Wo durch den himmlischen Vater lebendiger Glaube erweckt wird, geht wahrhaft immer die Sonne auf. Und als mir an meinem Konfirmationstag unser Pfarrer sagte, daß Jesus auch für mich gebetet habe, daß mein Glaube nicht aufhöre, so wie er es einst Simon Petrus verheißen hat, da waren endgültig Dunkelheit, Kummer und Heimatlosigkeit aus meinem Leben gewichen. Es war die Sonne Jesu, die mir lachte, und sie ist in meinem Leben seitdem nie mehr untergegangen.

So hatten meine Mutter und ich nun Heimaterde unter den Füßen und eine ewige Heimat im Himmel. Wir haben – wie einst Abraham – den erst so schmerzlichen Auszug aus der alten Heimat nie bereut.

Offener Himmel über Mannheim

Vater Ziegler von der Traitteurstraße in Mannheim war ein fester Begriff in unserer Familie und weithin im alten Mannheim! – In den letzten Jahrzehnten des 19. Jahrhunderts war er ein Pionier der Sonntagsschularbeit, der Vorläuferin des heutigen Kindergottesdienstes. Um 1880 herum kam auch meine Mutter als Kind zu ihm. Seither blieb sie in Dankbarkeit und Treue ihrem »Vater Ziegler« – wie ihn alle nannten – verbunden. Er war kein Theologe, sondern ein tüchtiger Bücherrevisor, hat aber manchen jungen Menschen, wie auch mich, zum Theologen gemacht. Er wie seine ganze Familie hatte einen herzbezwingenden Humor. Ihm saß der Schalk im Nacken, so daß, wo er war, immer herzlich und viel gelacht wurde. Viele fromme Christen könnten etwas davon lernen.

Mutter Ziegler, einige Jahre älter als ihr Mann, residierte und regierte – aber ohne Zwang und Drang – in der Familie, vom Vater, von allen Kindern *und* Gästen geliebt und hoch verehrt. Sie litt an schwerem Herzasthma. Der Hausarzt warnte den Vater und die Kinder, von denen je eine Familie über und eine unter den Eltern wohnte. »Vater Ziegler« sagte er, »Ihre Frau ist schwer gefährdet. Haltet immer eine gute Tasse Bohnenkaffee bereit, damit Ihr helfen könnt, wenn's drauf- und drangeht« . . . Nun war zwar für diesen Fall kein Haustelefon vorhanden, aber der Vater hatte mit seinen Lieben oben und unten vereinbart, daß er nachts, wenn's mit der geliebten Mutter schlimm stünde, an das Wasserrohr klopfen wolle – *dann* sollten sie gleich mit Kaffee kommen. Das war nun schon öfter passiert, und allemal hatte es gut geklappt.

Eines Nachts klopfte der gute Vater wieder einmal ans Wasserrohr. Marie unten und Lisbeth oben kochten ganz geschwind ihre Tasse Kaffee. Jede wollte möglichst zuerst da sein. – Doch was war das? –

Als beide auf dem schnellsten Wege die Treppe hinauf- bzw. heruntereilten, erklang draußen eine so herrliche und wunderbare Musik, daß beide Töchter den Hilferuf des Vaters und die Lebensgefahr der Mutter vergaßen. Sie stellten ihren Kaffeetopf am Boden ab. Bei geöffnetem Fenster jeweils unten und oben im Treppenhaus lauschten beide voller Andacht und Ergriffenheit der Musik, deren Töne voll, laut und gewaltig wie Meeresrauschen ineinander klangen. Später versicherten sie mir: »Herbert, das war mächtiger als Händels concerti grossi und als Bachs Matthäus-Passion.« – Als sie noch so versunken und mit dem vergeblichen Versuch, diese wunderbaren Töne zu deuten, am Fenster standen, fiel ihnen ganz heiß die lebensbedrohte Mutter ein. So rannten sie, so schnell sie konnten, die Treppen hinauf bzw. herab. Sie brauchten nicht zu läuten. Ihr Vater stand schon da, schweigend, wie vom Himmel angerührt, tief ergriffen. Zunächst sagte er gar nichts. Auch die Töchter schwiegen. Dann aber kam es aus ihm heraus: »Habt Ihr es auch gehört?« – Und dann – ohne ihre Antwort abzuwarten: »Die Engel Gottes haben soeben unter ganz wunderbarem Singen und Klingen unsere liebe Mutter heimgeholt. So etwas habe ich noch nie vernommen . . .« Man muß wissen, Zieglers waren alle hoch musikalisch. Nun kamen auch die Töchter zum Sprechen und berichteten ihrem Vater, daß auch sie diese herrliche Musik – getrennt voneinander – deutlich und überwältigend vernommen *und* eben deshalb die Mutter und den guten rettenden Kaffee ganz vergessen hätten. Dann traten sie miteinander an das Lager der Dahingeschiedenen und beteten *Den* an, der die geliebte Mutter heimgeholt hatte. Des Lobens und Dankens war kein Ende. Und wie es so oft im Neuen Testament steht, so machten auch sie es: sie bezeugten frohen Herzens allen, die ihnen nahe standen, was sie gehört und erfahren hatten. Und wir alle priesen und lobten den Herrn Jesus. Wie eine Entrückte lag Mutter Ziegler da. Ein Strahlen ging von ihr aus, und so bezeugte sie noch als Heimgegangene, was ihr Herr an ihr getan hatte. –

Dieser offene Himmel über Mannheim mitten in der Nacht wirkte auf mich wie ein Wächterruf. Er war eines der Zeichen, die mich zum Zeugen Jesu beriefen und machten. Denn Vater Ziegler war alles andere als ein Phantast. Und was die drei Zeugen aus seinem Haus uns da weitersagten, war keine Spur von Fantasie, sondern tatsächliche Wirklichkeit. Wir wußten, daß wir uns darauf verlassen konnten. In jener Nacht, da Mutter Ziegler unter himmlischen, unbeschreiblichen Klängen heimgeholt wurde, war wirklich die Dunstglocke über Mannheim zerrissen . . .

Ich habe in den schweren Jahren der Krankheit meiner Frau, wenn alles aussichtslos schien, und ich es dem Propheten unter den Königen des alten Bundes nachbetete: »Ach, daß Du den Himmel zerrissest und führest herab . . .« oft an die beiden Originale aus dem alten Mannheim, Vater und Mutter Ziegler, gedacht, und wie Gott sich ihnen so herrlich offenbart hat. Gott sei Dank dafür, daß wir wissen dürfen: Seit Jesus vom Himmel kam und gen Himmel fuhr, ist für uns alle der Himmel offen. Jeder von uns kann Gottes Herrlichkeit erfahren. –

Gerda – *die* Gehilfin meines Lebens

In diesen Tagen las ich wieder einmal Gustav Stutzers Buch
»Meine Therese – aus dem bewegten Leben einer Frau«.

Da kam es über mich: *eigentlich* müßte ich doch auch ein
Buch über *die* Frau schreiben, deren mehr als bewegtes Leben
ich fast ein halbes Jahrhundert in Freud und Leid geteilt habe.

Aber, was da zu schreiben ist, würde den Rahmen dieses Buches sprengen. Und außerdem wäre es auch nicht in ihrem Sinn.

Darum beschränke ich mich auf die *eine* urbiblische Aussage,
die ohne alles Menschenlob gewagt werden kann: Gerda war
die getreue und einzigartige Gehilfin meines Lebens.

Das fing so an: Ich machte als Soldat einen Abschiedsbesuch
bei meinem ehemaligen Religionslehrer und Freund Frieder
Schulz, Gerdas erstem Mann. Nach diesem Besuch sagte sie zu
ihm: »Für den wollen wir beten – der sollte nicht fallen.« Dann
zog ich aus nach Belgien und Nordfrankreich; ich fiel nicht.
Aber Frieder Schulz erlag der spanischen Grippe. – Durch das
Trostamt an der jungen Witwe meines Freundes wurden wir
beide zusammengeführt.

Das zeigte sich zunächst im Studium. Es kann einem jungen
Mann in seinem Ringen nichts Besseres geschenkt werden als
ein Briefwechsel mit einer geistig hochstehenden Frau. Dadurch
wurde sie noch während meines Studiums zu einer großen Hilfe
für mich: sie konnte so eindringlich fragen, was viele gleich
nach dem ersten Weltkrieg bewegte, daß meine Antworten an
sie zu Seminararbeiten bei Professor Heim erweitert wurden.

Nach unserer Trauung in Königsfeld begann unser gemeinsames Leben und Wirken in Konstanz. Dort bot sie den fragenden Primanern und dem Kreis der suchenden Akademiker in
unserem geräumigen Heim als Hausfrau und eifrige Gesprächspartnerin eine geistliche Heimat. – Obwohl sie damals in einer
schweren gesundheitlichen Krise steckte, sprang sie sofort auch

im »Gütle«, im Heim der Armen und Alten, als Mitarbeiterin ein. Schon kurz nach der Geburt unserer Tochter kümmerte sie sich um die lebensbedrohte Mutter zweier meiner Schülerinnen. Mehrmals täglich kam sie mit dem Fahrrad vorbei; sie besorgte den Haushalt der Kranken und bereitete das Essen für die Kinder. Erst vor kurzem betonten beide Töchter: *nur so* wurde unsere kranke Mutter gerettet . . .

Die Mithilfe meiner Frau wuchs von Jahr zu Jahr und von Gemeinde zu Gemeinde. Sie zeigte immer neue Seiten.

Für die Dorfpfarrfrau in *Nassig* kam zu den Krankenbesuchen mit seelsorgerlichen Gesprächen und stärkenden Suppen vor allem der Kampf um die Jugend. Leere Sitten und sinnloses Brauchtum wurden zur Gefahr für junge Menschen. Da sprang sie zusammen mit meiner Mutter in die Bresche, weil ich selbst fünf Gemeinden zu versorgen hatte. – Es wurden Sonntagsschule für die Kleinen, interessante Abende mit der Jugend und Bibelstunden für die Mütter gehalten. Dabei wurden in jenen Jahren unsere beiden Söhne geboren. Woher nahm sie nur die Kraft nach der schweren zweiten Geburt für jene kampfreichen zwei letzten Jahre in Nassig? – Immer stellte sie sich als Mitkämpferin vor und hinter mich und umgab zudem noch ihre Jugend mit mütterlicher Fürsorge. Das danken ihr die zu Müttern und Großmüttern gewordenen Frauen heute noch.

In *Grötzingen* brauchten wir nicht mehr so sehr darum zu sorgen, daß junge Menschen den Weg zu Gottes Wort fanden. Sie kamen von selbst und ließen uns keine Ruhe. Froh und ungestört wirkte meine Gehilfin in ihren mancherlei Kreisen. Der Jugend und ihrer zweiten Tochter zuliebe wurde Gerda auch selbst noch Pfadfinderin mit all den damit verbundenen Eignungsprüfungen.

Dann brach das sogenannte Tausendjährige Reich an, das Gott sei Dank nur zwölf Jahre dauerte. Alles war plötzlich bedroht, angefeindet und mit Haß umgeben. Hoch rechne ich es

Gerda an, daß sie mich nie – kein einziges Mal – aus Rücksicht auf sich selbst und unsere große Familie gebeten hat, in meinem Kampf um das bleibende Reich Jesu nachzulassen. Im Gegenteil: nun stand sie zusammen mit unseren Kindern, die diese Kampflage schon erfassen konnten, ganz auf der Seite der bekennenden Kirche und später der Gruppenbewegung Frank Buchmanns.

In jenen hart umkämpften Jahren übernahm sie noch ein weiteres Amt. Sie wurde Kindergottesdiensthelferin. Mit ihrer künstlerischen Begabung machte ihr dieses Amt nur Spaß – und mehr noch den ihr anvertrauten Kindergruppen.

Einmal behandelte ich im *Kindergottesdienst* die herrliche Geschichte von Jakobs Himmelsleiter. Nachdem ich sie vorgelesen hatte, fanden alle 16 Gruppen im weiten Pfarrgarten genügend Raum, um im Freien Gruppenunterweisung zu halten. Ich suchte die einzelnen Gruppen auf und hörte kurz zu, was die Leiter(innen) ihren Gruppen zu sagen hatten. Trotz eifrigen Suchens fand ich aber die Gruppe meiner Frau nicht. Wo war sie nur? Zuletzt entdeckte ich sie: sie hatte die Geschichte mit ihrer Schar zusammen anschaulich dargestellt: einer ihrer Buben schlief als Jakob auf einem harten Stein. Unsere Baumleiter stand ans Pfarrhaus angelehnt. Jeder der Jungens durfte einmal als »Engel« auf der Leiter rauf- und runtersteigen. Und ganz weit oben stand einer und durfte sagen, was Gott der Herr zu Jakob sprach. Ob jene Bubenschar jemals diese Jakobsgeschichte aus den Herzen verlieren wird? –

Nicht vergessen kann ich, wie Gerda ihre große Musikalität in den Dienst der Gemeinde stellte. Höhepunkte waren für sie die Stunden in unserer alten Grötzinger Dorfkirche, wenn sie mit ihrer Geige in den Gottesdiensten neue Kirchenlieder einübte oder in unseren Kirchenkonzerten mit dem großen und weiten Klang ihrer Violine allein oder zusammen mit anderen zur Ehre Gottes Johann Sebastian Bach oder Georg Friedrich

Händel spielte. Die allerersten Kirchenkonzerte gleich nach dem Krieg gestaltete sie zunächst allein – dann mit ihren Kindern. Später kamen Künstler aus Grötzingen dazu.

Als ich Krankenhaus-Seelsorger in Mannheim war, half mir Gerda immer wieder mit ihrer Geige im Dienst an den Kranken. An Festtagen – vor allem am Heiligen Abend – zog sie gern geigend die Gänge entlang, zusammen mit ihrer Tochter Renate, die dann die zweite Geige spielte. Außerdem sang Renate gleichzeitig eine Oberstimme dazu. – Das waren wirkliche Festtage für die Kranken und ihre Schwestern.

Einmal warnte Schwester Chlodulfa: »Frau Pfarrer, im Zimmer X dürfen Sie nicht spielen. Dort liegt ein Patient, der schimpft wie ein Feind über Sie.« Gerda war aber nicht nur als getreue Gehilfin unermüdlich, sondern sie war auch mutig. Darum ging sie geigend gerade in dieses Zimmer und an das Bett des ablehnenden Mannes. Sie spielte ihm die zartesten und lieblichsten Weisen, die sie ihrem Instrument entlocken konnte, bis sich der vorher so widerspenstige Mann zu ihr umdrehte. Mit dicken Tränen in den Augen dankte er, überwunden von der geigenden Pfarrfrau. –

Zu ihren Pfarrfrauenpflichten gehörte auch die Leitung des Frauenvereins vom Deutschen Roten Kreuz mit Hunderten von Mitgliedern. Großherzogin Luise von Baden hatte erreicht, daß sich in fast jeder badischen Gemeinde solch ein Frauenverein bildete. Das war ein fröhliches Schaffen – besonders bei den DRK-Helferinnen unter Leitung von Frau Dr. Knab. Noch kurz vor dem zweiten Weltkrieg wurde diese so erfreuliche Arbeit zum Zankapfel zwischen der Partei und dem DRK. – Das waren kampfreiche Jahre – aber sie haben sich gelohnt.

In all diesem vielfältigen unermüdlichen Tun hat Gerda ihre Kräfte vorzeitig aufgebraucht. – Sie verzehrte sich wie eine Kerze, die man an beiden Enden zugleich anbrennt. Schließlich war sie – dabei aber unablässig weiterarbeitend – so leidend, daß es mitunter dunkel in ihr wurde, während sie gerade in der Art, wie sie ihr Leiden trug, anderen Licht brachte.

Ihre letzte große Tat war, daß wir zusammen mit unseren beiden jüngsten Kindern meine siebzigjährige Mutter auf dem Handwagen aus Egloffstein in der fränkischen Schweiz zu Fuß nach Grötzingen holten. Treue bayerische Freunde hatten sie nach den Großangriffen auf Karlsruhe und Grötzingen dort aufgenommen. Bald nach dem zweiten Weltkrieg zerbrach dann aber ihre leibliche Kraft. Ein Kopfleiden setzte ein, das sie zwanzig Jahre hindurch mit großer Geduld trug. Nach einem schweren Unfall 1958 brauchten wir tägliche Pflegekräfte für sie.

1964 zogen wir nach Gengenbach in den vorzeitigen Ruhestand. Beim ersten Gang auf dem »Philosophenweg« mit dem weiten Blick auf das Kinzigtal sagte Gerda: »Hier kann man sterben.« Und hier ist sie auch ein Jahr später im Juli 1965 heimgegangen. Dieses letzte Jahr war für sie ein Meer von Leiden und Schmerzen. Kolbrügge hat recht: »Es geht tief hinunter in den Himmel hinauf.« Und doch bleibt der Dank das letzte Wort. –

KÄMPFE

Nickele – der Bauernbursch

Noch ehe ich einen einzigen Dienst in meiner neuen Gemeinde Nassig-Sonderriet und in Sachsenhausen-Vockenrot geleistet hatte, tat der Herr der Kirche selbst etwas Entscheidendes. Er gewann auf *Seine* Art einen jungen Mann, den man mit Recht Hans Dampf in allen Gassen nennen durfte. Fast in jedem Verein hatte er irgendein einflußreiches Amt. So bestimmte er die Atmosphäre bei Vereinssitzungen und am Stammtisch. Ohne zu ahnen, was ich damit anrichten würde, erbat ich meinen Aufzug in Nassig am Erntefest, dem höchsten weltlichen Festtag von Nassig. Als sich die Honoratioren unschlüssig zeigten und meinten, man könne doch unmöglich den neuen Pfarrer ausgerechnet an einem solchen irdischen Fest feierlich empfangen – da kämen ja beide zu kurz: das Erntefest und der Pfarrersempfang, da wußte – wie immer – Nickel einen guten Rat. Langenickels Nickel – so wurde er im Dorf genannt, sagte: Wir empfangen ihn ruhig oben an der Linde und dann auf der Pfarrhaustreppe. *Dann . . .* beginnt unser eigentlicher Festtag unten in der Steingasse. Auf den Einwand der Alten: aber das merkt doch der neue Pfarrer, antwortete der Nickel: so gescheit ist kein Pfarrer, und die Hauptsache ist nur, daß er sich kurz faßt, damit der Empfang unserem eigentlichen Fest keinen Eintrag tut . . .

Aber der Nickel hatte seine Rechnung ohne den Wirt gemacht . . . Gott war eben leider der vergessene Faktor seines Lebens: – Ich traf also am Erntefest ein. Es lief alles wie vom Festkomitee nach Nickels Rat geplant. Auf der Anreise mit der Eisenbahn machte ich mir meine Gedanken: was sagt man seiner ersten Gemeinde, wenn es nur ein kurzes Wort auf der Pfarrhaustreppe sein soll. Als der Zug wieder einmal auf einer der Zwischenstationen anhielt, rief der Schaffner: Lauda!!! Da hatte ich den Tip. Lauda heißt auf Deutsch: Lobe – also sprach ich über den 103. Psalm, und zwar so, wie es einem Pfarrer zu Mute ist, der seiner ersten eigenen Gemeinde gegenübersteht. Mir lief das Herz über vor Dank gegen Gott. Die Gemeinde war auch dankbar, daß sie nach langer Vakanz endlich wieder einen Pfarrer hatte. Nur *einer* machte eine Ausnahme: Nickel, der vorn in der ersten Reihe stand. Er dachte immerzu in seinem Innern: ja – ja – es ist ja alles recht und schön – aber mach nun Schluß – Amen – fertig – usw. –

Wenige Tage später kam bei Nacht und Nebel eine Bäuerin ins Pfarrhaus. Sie fragte mich besorgt: was macht man, wenn einer übergeschnappt ist? – Auf meine Rückfrage erfuhr ich, daß sie ihren einzigen Sohn Nickel meinte. Sie schilderte mir seinen beunruhigenden Zustand, der dem Mutterherzen große Sorgen machte: der Nickel stehe abends und nachts am Bett seiner Eltern und predige in einer Tour. Auf meine Frage: ja, ist er denn so fromm? – antwortete sie: »Nein, im Gegenteil, er ging bisher selten in die Kirche – nur ins Wirtshaus und in seine vielen Vereine.« Auf meine Bitte: »Bringt ihn mir mal her«, antwortete sie: »Der geht nicht mit.« Ich entgegnete: »Seine Behandlung kann nur hier im Pfarrhaus erfolgen. Sein Vater und sonst noch zwei bis drei starke Burschen werden ihn schon am Kragen packen und hierher bringen können.«

In derselben Nacht schon tauchte der eigenartige Männerkonvoi auf. Offensichtlich war Nickel nur der Gewalt gewichen. Jedenfalls machte er einen völlig verstörten Eindruck. War er geisteskrank? Ich war einigermaßen ratlos. Das also sollte mein erster Dienst in der Gemeinde sein: eine schwere seelsorgerliche Aufgabe an einem depressiven jungen Bauernburschen? . . . Das ließ sich nicht auf einmal bewältigen; öfter mußten Vater und Kameraden ihn zu mir schleppen. Wir kamen der Ursache nur langsam näher. Eines Abends fragte ich ihn auf den Kopf zu: »Nickel, seit wann hast Du denn diese Zustände?« Er: »Genau von dem Tage an, als Sie in Nassig einzogen und begrüßt wurden.« So war ich also der Grund seiner Krankheit? Nach wenigen Rückfragen gestand er mir seine widerborstigen Gedanken, die er während meiner Ansprache über den 103. Psalm gehabt hatte. Nun schämte er sich mächtig. Dann erzählte er noch mehr von seinem inhaltslosen Leben. Er war Geiger in der Tanzmusik. Wenn seine Kapelle durch den Ort marschierte, schlug er die große Kessel-Pauke. Es war, als ob dieses Instrument für ihn erfunden worden wäre . . . Da schon an den vorigen Abenden seine Musikalität zur Sprache gekommen war, hatte ich meine Frau und unseren ältesten Sohn gebeten, im Nebenzimmer mit Geige und Klavier leise schönste klassische Musik zu spielen. Das machte einen tiefen Eindruck auf ihn.

Als Nickel schließlich alles gebeichtet hatte und losgeworden war, fühlte er sich befreit und wohl. Der Generalangriff des Teufels auf Seele und Geist war abgeschlagen. Nickel schlug sich mit kräftiger Bauernhand auf seinen Oberschenkel und gelobte: »Von nun an musiziere ich nur noch für Jesus!« – Das hat er auch eingehalten. –

Diese erste Frucht der Seelsorge war keine zahme Sache. Der Teufel setzte alles daran, sein Opfer zurückzuholen. Dazu benutzte er die schwächste Seite in Nickels Wesen: seine natürliche, ungebrochene und ungezügelte Art. Zunächst wollte er mit allem sofort abbrechen – auch aus dem Kirchenchor austreten, den er sowieso nur unregelmäßig besucht hatte. Ich mahnte: langsam – vorsichtig! – Das mißverstand er so, daß er nun doch wieder regelmäßig zu seinem Stammtisch ging. Dort rief er eines Abends aus: »Jetzt mache ich nur noch, was mir der Pfarrer sagt!« – *Das* war sehr gefährlich, und zwar sowohl für ihn wie für mich. Denn ab sofort war ich nun verantwortlich für alle Dummheiten, die dieser »Säugling« im Glauben anstellte.

25

Es dauerte so lange, bis der Herr selbst eingriff und eine völlig neue Lage schuf.

In jener Zeit, Anfang der dreißiger Jahre, reiste der ehemalige General Ludendorff mit seiner zweiten Frau Mathilde durch Deutschland, um möglichst viele für seinen »deutschen Gottglauben«, wie man das damals nannte, zu gewinnen. Für einen Sonntagnachmittag sagte sich einer seiner Sendboten, ein Major Renner, in Nassig an. Er wollte auch die Nassiger Bauern für seine – wie er meinte – nationale und gute Sache gewinnen. Als diese Kunde unser Dorf durcheilte, baten mich Bürgermeister, Lehrer und Gemeinderäte, auf jeden Fall für eine Diskussion mit diesem deutsch-nordischen Wanderprediger bereit zu sein. Obwohl ich solches Klingenkreuzen nie gescheut habe, mußte ich die Bitte abschlagen. Drei Haustaufen, in unserer ausgedehnten Landgemeinde weit verstreut, waren zu halten. Kirchentaufen gab es damals noch nicht. So war ich den ganzen Nachmittag unterwegs. Ich ermunterte die »Nassiger Köpfe«, keine Angst zu haben und selbst mutig das Wort zu ergreifen.

So kam also der Major. Der Wirtshaussaal war gedrängt voll von Männern und Jugend. Alle waren voller Opposition. Renner hielt seinen Vortrag, der den biblischen Christusglauben zur Strecke bringen sollte. Nachdem er geendet hatte, gab er das Wort frei zur Aussprache. *Aber* keiner meiner wackeren kirchlichen Männer fand den Mut, den Mund aufzumachen und ein Gegenzeugnis für seinen Glauben zu wagen. Plötzlich und für alle unerwartet trat der Nickel nach vorn und bat ums Wort. Der Major schien erstaunt, daß ein so junger Mann etwas zu sagen hatte und ließ ihn sprechen. Nickel sagte etwa so: »Herr Major, ich bin nur ein dummer Bauernbursche und dazu noch ganz neu im Glauben. Darum weiß ich auch noch nicht so gut wie Sie in der Bibel Bescheid. Bitte zeigen Sie mir doch einige der Bibelstellen, die Sie in Ihrem Vortrag zitierten, in meinem eigenen Neuen Testament! Ich kann nämlich gar nicht glauben, daß so etwas wirklich darin stehen soll.« – Einen Augenblick zauderte der Major. Aber dann ergriff er Nickels Neues Testament und blätterte von vorn bis hinten und wieder zurück, ohne auch nur ein einziges seiner Bibelzitate zu finden. Darauf sagte mein Nickel zu dem inzwischen nervös Gewordenen: »Darf ich Ihnen einen guten Rat geben? Schuster, bleib' bei Deinem Leisten! Ich habe gesehen, daß Sie von dem, was Sie vorgelesen haben, keine Ahnung haben. Herr Major, wie würden Sie das finden, wenn ich nach Würzburg käme und Ihren Soldaten befehlen würde: Bataillon stillgestanden! – Sie würden sicher und mit Recht sagen: ›Nickel, bleib bei Deinem Misthaufen!‹ Und so rufe ich Ihnen im Namen aller hier Versammelten zu: ›Schuster, bleib' bei Deinem Leisten.‹« – Der Major packte eilig seine Sachen zusammen und verließ schnellstens das Gasthaus. –

Auf dem Heimweg fragten mich viele, wie es möglich gewesen sei, daß der Nickel etwas konnte, was kein Bürgermeister, kein Lehrer und kein Gemeinderat fertiggebracht hatte! –

Das war eine große Stunde im Ringen um Nassig! Auf der Straße und später bei tiefergehenden Gesprächen in den Bauernstuben konnte ich erklären, daß man dazu kein Amt, kein Studium, sondern Heiligen Geist benötigt; und diesen hatte Nikkel ohne Zweifel empfangen. So wurde er zu einem Zeugen.

Durch diesen Sonntagnachmittag im Gasthaus zu Nassig wurde für die ganze Gegend eine Bresche in die Front des Unglaubens geschlagen. Mein Freund, Professor Alfred Maisack, den ich früher einmal bei mir eine Christenlehre halten ließ, hatte anschließend festgestellt: »Noch selten habe ich eine Jugendgruppe gesehen, die so stupid, so teilnahmslos und verfinstert in einer Kirche saß wie Deine Christenlehr-Jugend.« – Ja, darunter hatte auch ich in den ersten Monaten sehr gelitten. Nun aber war die Wende gekommen. Es ging in jenen Jahren ein geistliches Erwachen durch Nassig und die ganze Gegend bis hinüber in die benachbarten bayerischen Dörfer. Nach einem langen Winterschlaf brach der Frühling an.

Freilich war dazu nötig, was Nickel auf seinem bewegten Anmarsch erlebt hatte. Billig bekommt man das nicht. Zuerst mußte ihm seine natürliche Art, zu denken und zu handeln, geheiligt und gereinigt werden, vor allem auch seine bäuerliche Pfiffigkeit. Nie hätte er mit ihr allein den tüchtigen und kämpferischen Major schlagen können. Auch sein Mundwerk reichte da nicht aus. Gegen eine falsche Botschaft, gegen eine Irrlehre, die wie eine Seuche um sich greift, helfen keine bloßen Worte, auch wenn sie noch so gut gemeint sind. Da hilft nur eine geisterfüllte, von oben geschenkte Botschaft. Ich ermahnte die jungen und alten Bauern, besonders unsere Kirchengemeinderäte: »Gebt auch Ihr Euch Eurem Heiland ganz und ohne Vorbehalt zum Eigentum hin! Betet um den Heiligen Geist, dann könnt auch Ihr, wenn es gilt, Euch hinstellen wie Euer Nickel.« –

Das alles trat in den wenigen Jahren, die ich in Nassig arbeitete, auf eine mich überwältigende Weise ein: Junge Mädchen und Burschen, Bauern und Bäuerinnen empfingen nach einem Erwachen, wie ich es in meinem bisherigen Leben nicht gekannt hatte, einen neuen Geist und fingen ein neues Leben an. Dazu erhielten diese schlichten Menschen eine Vollmacht, wie sie nur die Bibel beschreibt. Nach kampfreichen Jahren des Anmarsches schenkte der Herr seiner Gemeinde Brüder, Schwestern und Kinder im Geist – lauter muntere Mitstreiter. Sie waren Vorkämpfer für eine erneuerte Gemeinde in einer neuen Zeit. Freilich kostete das Mut, weil mitunter ein Kampf bis aufs Blut erforderlich war. Auch Verfolgungen traten ein! Die Hauptsache aber war: Wir standen nun nicht mehr allein . . .

28

Artur – der Konfirmand

Er lebte in unserem Filialdorf Sonderriet bei Wertheim am Main. Sein Vater und seine älteren Brüder waren ehrbare Schneider. Die Familie war gläubig. Plötzlich zeigte es sich, daß Artur sterbenskrank war. Eine offene Lungentuberkulose nahm ihm seine sich rasch verzehrende Lebenskraft. Er wurde bettlägerig. So baten seine Eltern, ich möchte ihm den Rest seines Konfirmandenunterrichts an seinem Krankenbett geben. Das tat ich gern und schweren Herzens zugleich. Um den schwachen und elenden Jungen zu schonen soviel ich konnte, ließ ich ihn wünschen, was er wissen und was er lernen wollte. Es konnte sich ja nur um eine eiserne Ration, das heißt um eine kleine Wegzehrung auf dem Weg zur Ewigkeit handeln. –

Seine erste Frage hieß: hat der liebe Gott auch den Tod erschaffen? – Ich finde ihn an keinem der sechs Schöpfungstage. So mußte ich dem kleinen Bibelforscher nun den Tod als Feind zeichnen. Wir lasen den Schluß der Schöpfungsgeschichte: »Gott sah an alles, was Er gemacht hatte; und siehe da, es war sehr gut!« In diesen ersten Stunden setzte ich mir das Ziel, das Herz dieses Kindes ganz mit dem Vertrauen auf die Güte Gottes zu füllen. Mit fiebrigen, aber leuchtenden Augen hörte er mir zu – nur hie und da unterbrach er mich mit einer Frage. – Dann kam auch die, die ich erwartet hatte: »Wie aber kam denn der Tod als Feind in Gottes gute Welt?« – Nun lasen wir von Adam und Eva – dann von Kain und Abel. Wie ein kleiner Entdecker fand Artur selbst heraus, daß der Abfall und der Ungehorsam der ersten Menschen geradlinig zum Tode führte. Da ich sein großes Interesse spürte, zog ich diese Linie weiter, durch die ganze Heilige Schrift hindurch – bis hin zur Offenbarung des Johannes, die er besonders gern las. Sehr tiefen Eindruck machte ihm die Geschichte von den vier Pferden, denn Pferde hatte er besonders gern. Bis zuletzt saß er in seinen guten Stunden am

Fenster und sah ihnen zu, wenn sie zum Acker fuhren. Hier aber ging es ja nun um Tod und Teufel *und* um den weißen Reiter, der der Sieger bleibt. Erfüllt von dem allem ließ er mich nach dieser Stunde ziehen. –

Eine seiner nächsten Fragen lautete: »Warum mußte Jesus auf diese Welt kommen?« – Da lasen wir erst einmal miteinander die Weissagungen des Alten Testaments, in denen so viele Hinweise auf Jesus zu finden sind. Artur trug selbst viel dazu bei. Mein Hauptanliegen war, ihm *den* vor die Seele zu malen, der in dieser Welt voller Schrecken die große Güte Gottes zeigt und selbst leibhaftig darstellt. Dann erlebten wir Jesus als Freund der Zöllner und Sünder. Endlich las ich mit meinem jungen Zuhörer von Lazarus, über dessen Tod selbst Jesus geweint hat, – wie Er ergrimmte über den Tod als Feind seines Vaters – und dann seinen Freund Lazarus auferweckte. Ich legte beim Abschied Artur den Holzschnitt von Thylmann auf sein Krankenbett. Beim nächstenmal zeigte er mir ganz von selber, *was* dem Künstler vor allem wichtig gewesen war: in den todesstarren Lazarus hatte der Herr Jesus sein Leben hineingegeben – in sein Herz, so daß es wieder schlug, – in seine Augen, die Jesus voller Dankbarkeit anstrahlten. –

Als Arturs letzte Stunde näher und näher kam, wollte er noch genau wissen, wie das ist, wenn man stirbt. Hier war nun ich junger Pfarrer und Anfänger gewaltig überfragt. So bat ich den lieben Jungen nur, den dreiundzwanzigsten Psalm, den er mir zur Freude freiwillig auswendig gelernt hatte, buchstäblich ernst zu nehmen: »Und ob ich schon wanderte im finstern Tal, fürchte ich kein Unglück, denn Du bist bei mir.« Und dann setzte ich nur noch hinzu: »Artur, wenn du Jesus so lieb behältst, wie jetzt, dann darfst du auch in der letzten Stunde getrost *aus Gottes Hand in Gottes Hand* gehen und Gottes Engelscharen helfen Dir dabei. Jesu Hände reichen tiefer als in die tiefste Tiefe.« Be-

bend, aber getrost verließ ich meinen lieben, treuen Konfirmanden.

Seine Lage spitzte sich zu. Arzt und Eltern rieten, den Jungen allein im voraus zu konfirmieren. Das taten wir denn auch. In einem kleinen Saal hatte die Gemeinde einen Altar zugerichtet. Artur wurde im Fahrstuhl hereingebracht. Er wünschte sich selbst eine Konfirmandenprüfung, denn er wollte keine Ausnahme machen. Diese Prüfung wurde zu einem Zeugnis eines jungen, bald sterbenden Christen vor der versammelten Gemeinde, vor allem vor seinen Mitkonfirmanden, die um ihn herumsaßen.

Niemand wird je die Stunde vergessen, in der ich diesen jungen Bekenner dann zum Heimgang in die Ewigkeit einsegnen durfte. Unseren ganzen Konfirmandenunterricht zusammenfassend nahm ich als letztes Gotteswort aus der ihm so liebgewordenen Offenbarung das Wort: »Wer überwindet, der wird es *alles* ererben!« – Artur, die Gemeinde und ich verstanden uns: Hier war er persönlich gemeint. Wenige Tage nach dieser einzigartigen Feier durfte er heimgehen. Nie wieder habe ich Ähnliches erlebt . . .

Der verlorene Fahrradschlüssel

An einem heißen Sommertag hatte sich's meine Frau leicht gemacht. Sie saß im kühlen Zimmer am Schreibtisch. Endlich sollten längst schuldige Briefe geschrieben werden. Der ganze Nachmittag war seit langer Zeit dafür ausersehen. Nichts und niemand durfte sie stören. Das wußte das ganze Haus. Aber es kam doch anders. Der Mensch denkt – und Gott lenkt! Das fing für uns so an: Als meine Frau gerade so schön am Schreiben war, funkte »es« plötzlich dazwischen. Eine geheime Stimme sagte gebieterisch: »Gehe gleich nach Durlach.« Das bedeutete für die Briefschreiberin: zieh' dich an und geh' einige Kilometer durch die Hitze! So machte sie genau das, was wir wohl alle an ihrer Stelle getan hätten: Sie ließ diesen unliebsamen inneren Funkspruch unbeachtet und schrieb weiter. Das kann man übrigens – in andere Zeiten und Verhältnisse übersetzt – alles im ersten Buch Samuel im 3. Kapitel nachlesen, nur daß es damals dem jungen Samuel widerfuhr! Also so auch hier: Immer wieder »funkte« es dazwischen. Meine Frau steigerte ihre Schreibenergie. Aber es ging nicht: Der Funkspruch kam immer wieder und ließ ihr keine Ruhe. Immer wieder hieß es: Geh sofort nach Durlach! Zuletzt hieß es überhaupt nur noch: Durlach – Durlach – Durlach!, bis sie schließlich nicht anders konnte, als blindlings der eigenartigen Aufforderung zu folgen.

Sie zog sich an und lief in Richtung Durlach. Dort gingen wir eigentlich immer nur *einen* Weg – nämlich die Grötzinger Straße entlang zur Endstation der Straßenbahn. Diesmal aber zog es sie wie mit einem unsichtbaren Gummiband von unserer gewohnten Marschrichtung rechts ab. Dort lag nur ein Sportplatz. Da wir alle keine Sportskanonen sind, wollte sie nicht nach rechts gehen. Aber das unsichtbare Gummiband zog sie unwiderstehlich gerade dahin. So folgte sie denn widerwillig, das heißt sie betrat einen schmalen Wiesenpfad, den sie und wir alle noch nie gegangen waren ... Auf einmal begegneten ihr einige Mädels aus der Klasse unserer jüngsten Tochter. Die Kinder riefen meiner Frau sofort und voller Erregung entgegen: Frau Pfarrer, Renate steht auf dem Sportplatz und weint. Was war passiert? – Unsere Jüngste hatte sich, weil es so heiß war, und weil sie kein eigenes Fahrrad besaß, bei einer befreundeten Lehrerfamilie ein Rad geliehen. Und ausgerechnet dessen Schlüssel verlor sie auf dem Sportplatz ... Zuerst suchte sie allein, dann halfen die Kameradinnen. Zuletzt stand sie voller Verzweiflung mutterseelenallein da, weil die anderen heim mußten. Sie aber wagte nicht ohne Rad den Platz zu verlassen ... – In diesem Augenblick betrat meine Frau den Platz und fragte das weinende Kind, was denn passiert sei. Als nun das ganze Elend herauskam, daß Renate ohne unser Wissen auf Abenteuer ausgegangen, und was ihr widerfahren war, sagte die Mutter sehr nachdenklich und gütig: »Eigentlich müßte ich jetzt tüchtig mit dir schimpfen, aber ich darf es nicht, denn hier ist der Herr Jesus am Werk gewesen. Nicht ich habe dich gesucht, sondern Er hat mich ganz gegen meinen Willen zu dir gesandt.« Und dann erzählte sie ihrem Kind, was sie erlebt hatte, und was sie beide jetzt als ein wirkliches Wunder von Gott her annahmen.

Nach einer bedeutungsvollen Stille zwischen Mutter und Kind ging es dann erneut ans Suchen. Zwar fand sich der verlorene Schlüssel nicht wieder, wie es im wirklichen Leben ja sehr oft kein Happy-End gibt. Aber die große Dankbarkeit und das Staunen über das Wunder blieb. Und das ist wahrhaftig mehr.

Schließlich gab es dann einen eigenartigen Heimweg zu dritt: Die Mutter, das trotz allem glückliche Kind und – das Fahrrad, vorn von Renate gelenkt und hinten von Mutter getragen. Wie Fahrraddiebe zogen beide scheu in Grötzingen ein, kauften schleunigst ein neues Fahrradschloß und lieferten das Rad erleichtert wieder bei den Freunden ab.

Als Abends am runden Tisch alles erzählt und gebührend bestaunt war, dankten wir dem, der heute, im Zeitalter der Technik, besser funken kann, als alle Rundfunk- und Fernsehsender. Sein Funkspruch erreicht auch Herzen, die sich weigern, und hilft Kindern in ihrer tiefen Verzweiflung.

Als ich kürzlich mit meiner Tochter Renate telefonierte, kam die Rede auch auf dieses Buch. Sofort fragte sie: »Kommt auch meine Fahrradgeschichte mit hinein?« Ich fragte: »Soll sie?« Sie antwortete nur: »Jaaa!«

Pendelausschläge

Mein Leben ist voller Pendelausschläge. Zwischen Himmel und Hölle – zwischen Leben und Tod – zwischen Frieden und Krieg – zwischen Haß und Liebe – so könnte ich fortfahren, und alles wurde wirklich durchlebt und durchlitten.

Aber *ein* Pendelausschlag war doch der weiteste. Ich meine den zwischen Kommunismus und Nationalsozialismus.

Damit begann unser Leben in Grötzingen. Als wir dort 1931 neu einzogen, begrüßte uns der sozialdemokratische Bürgermeister mit dem eigenartigen, geradezu schockierenden Satz: »Herr und Frau Pfarrer mit Familie – mein herzliches Beileid zu Ihrem Beginn in unserer Gemeinde Grötzingen!« . . .

Er merkte mein Erstaunen über diesen wohl einzigartigen Willkommensgruß. Darum begründete er seinen Satz: »Unsere große Gemeinde ist zerrissen in zwei feindliche Lager; auf der einen Seite werden Ihnen Glieder der Gemeinde mit geballter Faust ›Heil Moskau‹ zurufen. Die andere Seite wird Sie zackig mit ›Heil Hitler‹ begrüßen. Und Sie werden mitten zwischen beiden Heerlagern stehen müssen und zerrissen werden. *Darum* noch einmal mein herzliches Beileid, lieber Herr Pfarrer, – ich weiß nicht, wie das weitergehen soll. Ich sehe ein großes Blutvergießen auf uns zukommen.« –

Ich hatte guten Grund, dem besorgten Bürgermeister und der versammelten Gemeinde voller Zuversicht mit einem einzigen Bibelwort zu antworten. Es war das Wort aus dem Losungsbüchlein der Brüdergemeine genau auf den Tag unseres Einzugs: »Ich habe Euch von dannen hergeführt. Suchet der Stadt Bestes. Denn wenn es ihr wohlergeht, wird es auch Euch wohlergehen.« – Alle waren sichtlich überrascht. Aber daran *hielt* ich mich zusammen mit meiner ganzen Familie.

Bald kam die erste Hauptprobe: der Zusammenstoß mit den Kommunisten, der Pendelausschlag nach links außen! Ihre Frauen, die als Horchposten die Kirche besuchen mußten, hatten zu Hause wohl den Inhalt meiner Predigten falsch wiedergegeben. Sofort rückten die drei führenden Kommunisten zu einer messerscharfen Diskussion an. Alle drei – besonders ihr Anführer – waren hart im Geben. Und ich war für diesen politischen Kampf noch ganz ungeschult. *Darüber* hatten wir im Studium auf der Universität nichts gehört. Natürlich kam bei dieser Diskussion nicht viel Positives heraus. Im Gegenteil: Die Lage wurde immer brenzliger. Hunderte von Arbeitslosen lungerten auf den Straßen herum. Bei meinen Gängen durch die Gemeinde war ich immer wieder von vielen haßerfüllten und verhetzten Menschen umgeben, die mich herausforderten. Mein Vorgänger war am Heiligen Abend 1930 nach einer Attacke mit diesen Männern an einem Herzschlag gestorben, nachdem er gerade einige Tausend Mark an Weihnachtsspenden verteilt hatte ...

Das war die Situation, die ich vorfand. Was war zu tun? Nun, zunächst lud ich erst einmal alle arbeitslosen Männer gruppenweise in den Gemeindesaal ein. Nach einem kräftigen Abendbrot, das meine Frau und meine Mutter jeweils für 30 bis 40 Mann zubereiteten, stellte ich mich ihnen zur Antwort auf ihre Angriffe. Doch das genügte nicht.

Professor Unruh, Professor für Philosophie und Russisch an der damaligen Technischen Hochschule in Karlsruhe, war der beste Fachmann für den Kommunismus. Da er – selbst leitend bei den Mennoniten tätig – viele Tausende von Mennoniten aus Rußland herausgeholt und nach USA und Kanada in die Freiheit gebracht hatte, wußte er über den russischen Kommunismus genauestens Bescheid. So würde er sowohl meinen verhetzten Männern wie mir am besten weiterhelfen können. Zu seinen zwei Abendvorträgen brachte er jeweils einen Waschkorb voller Briefe aus Rußland mit – lauter Hilferufe: »Rette uns heraus aus unserem Elend!« – Professor Unruh sprach so anschaulich und angreifend, daß zwei starke Männer aus unserer Gegnerschaft ohnmächtig aus dem Saal getragen werden mußten. Der Eindruck war unverkennbar. Die erste Bresche war geschlagen.

Eine weitere Hilfe brachte uns das Auftauchen von etwa 50 Theologiestudenten mit 10 jungen Pfarrern, die bei uns in Grötzingen eine theologische Freizeit halten wollten. Sie zogen – immer zwei und zwei – durch das Dorf und luden alle Fernstehenden – auch die Kommunisten – zu unseren Abendversammlungen ein. Dabei kamen sie auch zu Karl Schlagenhof, dem Anführer der KPD in Grötzingen. Er war auch Propagandaredner in Mittelbaden. – Karl Schlagenhof warf sie hochkant aus seinem Haus, als er hörte, *was* sie von ihm wollten. Aber die beiden Studenten kannten sich im Dorfleben aus. Sie wußten, daß auf dem Land fast jedes Haus einen Hintereingang hat. Kühn benutzten sie diesen und trafen Karl in der Küche an. Er stärkte sich gerade mit einem kräftigen Vesper nach der Aufregung mit den beiden. Als er sie wiedersah, war er erstaunt über ihren Mut: »Kommt rein. Da setzt Euch her. Ihr seid Kerle!« ... Einer der beiden Studenten startete sogleich einen »Angriff« gegen den Kommunismus. Der zweite nahm nur die beiden Buben des KPD-Führers auf den Schoß und spielte mit ihnen.

Nun entwickelte sich ein interessantes Gespräch auf zwei verschiedenen Ebenen. – Während Karl mit seinem großartigen Mundwerk den einen Studenten abfertigte und ihm klarmachte, daß er vom Kommunismus gar nichts verstehe, tat er in seinem Herzen zum erstenmal Buße. Er dachte bei sich: wie kommt es nur, daß dieser wildfremde Mensch zu meinen Buben einen besseren Kontakt hat als ich – ihr Vater? Vielleicht war dies auch der Grund, daß er nachgab, als ihn beide bei seiner Mannesehre packten (»wenn Sie Mut haben, kommen Sie heute abend zu uns!« . . .) Ich höre noch heute das Rauschen der Erregung, die entstand, als der uns feindlich gesonnene Kommunistenführer wirklich zum Abendvortrag in unserer Kirche auftauchte.

Zunächst allerdings war der Abend eine Enttäuschung: Er sagte den beiden jungen Sendboten bei ihrem Nachbesuch: »Gleich nach dieser Woche werde ich einen Generalangriff auf die Kirche machen und unseren Kirchenaustritt organisieren.« Traurig kamen beide heim. – Aber dann ging es doch wieder einmal nach dem alten Sprichwort: Der Mensch denkt, und *Gott* lenkt. –

Kurz nach unserer theologischen Freizeit in Grötzingen war im »Grünen Wald« in Herrenalb eine seelsorgerliche Gruppentagung. Dazu wurde Karl Schlagenhof eingeladen. Dort gab es keine Diskussionen, auf die er sich so gefreut und gerüstet hatte. Dagegen lernte er etwas völlig Neues kennen: die etwa 90 Teilnehmer sammelten sich jeden Morgen unter einem herausfordernden Gotteswort. Dann kam ein Austausch, in dem ganz freiwillig jeder ohne allen Zwang sagen konnte, was ihm eingefallen war. Auch ihm war etwas gekommen. Nur verschwieg er es krampfhaft. Aber nach Schluß der ersten Versammlung griff er sich einen, der ihm einen guten Eindruck gemacht hatte – Erich von Eicken. Dem schüttete er sein ganzes haßerfülltes Herz aus – ihm sagte er auch ehrlich, *was* ihm gekommen war. Was war geschehen? Karl Schlagenhof war ein neuer Mensch geworden. Der Hauptgrund: er hatte wirkliche Brüder und Schwestern gefunden – zum erstenmal in seinem kampfreichen Leben. – Ich war derweil in Berlin bei einer Sitzung über Jugendarbeit. Als ich heimkam, trat er mir als Bruder entgegen. Vorher hatte er eine Eingabe mit vielen Unterschriften an die Badische Landessynode gerichtet mit der Forderung: dieser Pfarrer Fuchs muß sofort Grötzingen verlassen, sonst könne er für sein Leben nicht bürgen. Nun, nachdem eine ganz neue Lage entstanden war, ging er mit mir zusammen zu unserem damaligen Kirchenpräsidenten D. Wurth mit der ganz anderen Bitte, mich doch ja in Grötzingen zu belassen, damit wir nun zusammen für die Gemeinde kämpfen könnten. – Meinem guten alten Freund Erwin Eckert, der damals genau den umgekehrten Weg ging, war das freilich ein Dorn im Auge. Denn *er* hatte als Pfarrer nach einer Rußlandreise den Weg zum Kommunismus gefunden. –

Karl Schlagenhof aber ging sofort mit Volldampf ans Werk. Unsere Kirchengemeinde schenkte ihm eine Stuttgarter Jubiläumsbibel mit Erklärungen. Damit bewaffnet kam er jede Woche in seinen Bibelkreis, den er selbst ohne mein Zutun gegründet hatte. Das waren lauter Männer und Frauen, die in seiner Nähe wohnten. Alle wollten wissen, wie er zum Glauben gefunden hatte und wie auch sie selbst auf diesen Weg gelangen könnten. Das waren Segensstunden. Die ganze große Gemeinde wurde durch diese Verwandlung *eines* Kommunisten bis auf den Grund aufgewühlt und erschüttert. Viele kamen und wollten sehen, wie er nun Sonntag für Sonntag mit seiner ganzen Familie bescheiden hinten wie auf dem Armsünderbänkle saß. Wir lernten damals die göttliche Mathematik: im Reich Gottes ist 1 die größte Zahl. Denn in ihm kann nichts Größeres passieren, als daß *ein* Mensch für Jesus ganz gewonnen wird!

Als ich dann 1947 nach Speyer und in die Pfalz berufen wurde, um dort das Amt für Volksmission aufzubauen, wurde Karl Schlagenhof als wackerer Mitstreiter herbeigeholt und hauptamtlich mit angestellt. Ich staune noch heute, daß Kirchenpräsident D. Stempel diese eigenartige und wohl einmalige Berufung eines ehemaligen Kommunisten in den Dienst der Volksmission durchgesetzt hat. Das kann ich ihm nie genug danken. – Jeder Leser sollte dieses unwahrscheinliche Bild gesehen haben, wie Karl nach meinen einführenden Vorträgen auf der Kanzel oder am Pult an den Taufstein oder sonst irgendwo vor die Gemeinde hintrat und sein kurzes, markiges Zeugnis gab. Und wie dann die härtesten Herzen, auch verfeindete Nachbarn, nach vorn kamen, und er sie einsegnete und in ein neues Leben aussandte. Die Engel im Himmel werden nach dem Wort unseres Herrn darüber gejauchzt haben. – Auch unsere Herzen waren voller Dank.

Wie mag das erst sein, wenn in Rußland und China, in Kuba und anderswo die Kommunisten sich aufmachen und zu Jesus finden? Es fängt im Verborgenen schon an. In Diskussionen und Büchern fragen sie schon nach ihm. Jesus ist der Name, nach dem heute am meisten gefragt wird. Und wo eine Frage ist – da bleibt Er die Antwort nicht schuldig ...

Die kostbarste Frucht unserer Arbeit sind lebendige Menschen, die Er selbst für Sein Reich herausruft und rettet! – Karl Schlagenhof, unser Freund und Bruder, war ohne allen Zweifel solch einer. Seine Hingabe fand ein eigenartiges – vielleicht einmaliges – Echo bis hin nach Moskau. Nach dem Zusammenbruch 1945 besuchten ihn kommunistische Genossen aus Moskau in der Nähe von Wien. Dorthin war er kriegsdienstverpflichtet worden. Sie traten ihm voller Anerkennung entgegen und sagten: »Genosse Schlagenhof, allen Respekt, daß Du in

der ganzen Hitlerzeit im Herzen dem Kommunismus treuge-
blieben bist! (Das meinten sie so. – Der Verf.). Gewiß, Du bist
nur zum Schein Christ geworden. Das verstehen wir gut. Sicher
ging das nicht anders zu machen. – Aus Dank und Anerkennung sollst Du hier in dieser ganzen Gegend vor Wien unser
Vertrauensmann werden . . .« Karl Schlagenhof – scheinbar tief
bewegt – antwortete: »Dies ist ein großes Vertrauen, das Ihr
mir durch Euer Angebot erweist. Laßt mir einen Tag Zeit zum
Überlegen. Morgen gebe ich Euch meine Entscheidung bekannt.« . . .

In dieser Nacht ließ Karl Schlagenhof alles, was er besaß, in
Österreich zurück. Mit seiner getreuen Frau und seinen beiden
Söhnen floh er in seine Heimat Grötzingen bei Karlsruhe. –
Aber als er hier eintraf, war sein Heimathaus durch Bomben
zerstört. – Stand er vor dem Nichts – vis-à-vis du rien – wie die
Franzosen sagen? – Nein! Als die vier Heimat- und Obdachlo-
sen unangemeldet bei uns im Pfarrhaus landeten, fanden sie
fürs erste alles, was sie brauchten. Er hatte ja seinerseits einen
überzeugenden Echtheitsbeweis für seine Hingabe an Jesus gegeben. So war es nun an uns, ihm bei dem Neuaufbau seiner
Existenz in der Heimat nach Kräften zu helfen. Seine Hoffnung
wurde nicht enttäuscht. –

Nun aber zum anderen Pendelschlag – nach rechts außen:
Mit den Nazis ging mir's ähnlich wie mit den Kommunisten:
ich griff sie zu voreilig an. – Zuerst hielt ich mich vorsichtig zurück und erkannte an, was gut schien. Aber nach der Röhm-
Revolte sagte ich meinem Nazi-Bürgermeister, der sonntäglich
in die Kirche kam: »Herr Bürgermeister, nachdem ich die Schie-
ßerei und das Durcheinander in Berlin an vorderster Front mit-
erlebt habe, müssen Sie mich von Stund an zu Ihren Gegnern
rechnen!«

Ich hielt mich zur Bekennenden Kirche, die unter Leitung von
Pastor Niemöller in Berlin-Dahlem uns alle schulte, wie man

dem Unrecht dieses neuen und gefährlichen »ismus« entgegentreten müsse und könne. Aber als Niemöller im KZ in Dachau saß und alles Material und sämtliche Büros der Bekennenden Kirche geschlossen wurden, waren auch wir kleinen Kämpfer am Ende mit unserem Latein. Niemöllers ergreifendes Abschiedswort im Mannheimer Wartburg-Hospiz kurz vor seiner Verhaftung hieß etwa so: »Nun geht heim und arbeitet in Euren Gemeinden unverzagt, baut auf, wo Ihr nur könnt!« –

In jener Zeit kam Justus Ferdinand Laun zu einer kirchlichen Aufbauwoche nach Grötzingen. Er sagte zu mir: »Herbert, Du bist ein wackerer Streiter für Deine Kirche. Aber sage mir, wieviele der braunen Männer (so nannte man die Nazis wegen ihrer Uniform) hast Du schon für Jesus gewonnen?« Stumm saß ich vor ihm und konnte ihm keinen einzigen Namen nennen. Er stieß weiter nach: »... und Du kriegst jeden Monat Dein gutes Gehalt. Dafür sollst Du doch etwas für Jesus tun und Menschen für Ihn gewinnen!« ... Ich mußte meinen Bankrott erklären und neu anfangen, wie im Kapitel »Neues Leben durch ein Lied« zu lesen ist.

Wunderbar war es dann, wie bald nach dieser Vortragswoche auch einer der zunächst feindlichen Naziführer für Jesus gewonnen wurde. – Das ging so zu: wir wagten in einem öffentlichen Saal das attackierende Thema: »Christus siegt über nordische Menschen« zu behandeln. Unser Bürgermeister, Träger des goldenen Parteiabzeichens, war wie mit Blindheit geschlagen, als er uns den großen »Schwanen«-Saal dafür gab. Wir selbst ahnten nicht, daß daraufhin aus ganz Mittelbaden bis hin nach Stuttgart gegnerische Sprecher angereist kamen. Gleich zu Beginn wollten sie unseren Abend stören und ihn in ihrem Sinne, wie das heute wieder üblich wird, umfunktionieren. Aber es gelang uns durch Gottes Gnade, das Steuer unseres bedrohten Schiffleins in der Hand zu behalten.

Nach dem Abend luden wir unsere Gegner ins Pfarrhaus zu einer offenen Aussprache ein. Je sechs unserer Gegner und sechs von uns saßen an unserem runden Tisch. Wie Tiger sprangen sie uns an. Mitten im Kampf sagte schließlich einer von ihnen: »Was wollt Ihr nur mit Eurem Jesus? – ich bin staatlich geprüfter Bergführer, ich konnte schon manchen Verunglückten retten. Aber von Jesus habe ich nie etwas gesehen. *Er* war nie da.«

Als ich ihn so reden hörte, dachte ich bei mir: »Herr, ich will ja nicht anspruchsvoll sein. Aber wenn Du uns heute abend wenigstens diesen *einen* Gegner schenken könntest, dann wäre ich Dir dankbar.« Gegen 2.30 Uhr früh ging unser Kampfabend zu Ende. Wir waren alle todmüde und erschöpft. Aber sicherlich hatten wir am Ende beiderseits *einen* gemeinsamen Gedanken: Heute abend haben wir endlich unseren eigentlichen Gegner gefunden. Es wäre fein, wenn wir sie auf unsere Seite bringen könnten. – So dachten *sie*, und genau so dachten auch *wir*.

Schon das erschien uns wie ein Wunder, daß unsere Gegner auch am nächsten Abend wieder anwesend waren. Dazu mußten viele von ihnen in Karlsruhe übernachten. Diesmal saßen sie oben auf der Empore. Die Atmosphäre war nicht gut, die Luft war wie dämonisiert. Nach Schluß des Abends versuchten unsere Gegner die Straße, die damals die einzige Autoverbindung von Karlsruhe nach Stuttgart war, durch einen Volksauflauf zu sperren. Viele Autos mußten anhalten und hupten wie verrückt. Wir gingen hinaus und redeten sie an: »Schämt Ihr Euch nicht? Wart Ihr gestern abend nicht unsere Gäste? Benehmt Euch doch nicht wie Gassenbuben. Wartet nur ein wenig – wir sind gleich zum Geisteskampf mit Euch bereit.«

Tatsächlich kamen sie daraufhin – wenn auch schimpfend – mit uns in den Gemeindesaal. Kaum saßen wir beisammen, verließ uns unser guter Freund Georg Mantel, Professor für Musik in Karlsruhe. Er bat um Entschuldigung, er sei müde. In Wirklichkeit ging er in den oberen Stock des Pfarrhauses, fiel auf die

Knie und betete für uns. Er merkte: heute abend ist der Teufel los! – Sie ließen keinen guten Faden an uns und an unseren Aussagen. Der Bergführer, um den ich am Abend vorher gebetet hatte, war der Ärgste von allen. Was sollten wir tun? – Offensichtlich waren wir diesmal – wenn vielleicht auch nur äußerlich – die Besiegten. Wenn einer von uns auch nur den Mund auftat, fielen gleich drei oder vier unserer Gegner über ihn her – geistig – nicht körperlich . . .

Als sie wieder idealistisch und mit wenig Sachkenntnis vom altgermanischen Gottglauben als Alternative zu unserem Christenglauben daherredeten, hatte einer von uns die Vollmacht, sie beim Wort zu packen: »Ihr ahnt ja gar nicht, was Ihr Jesus verdankt – auch wenn Ihr gegen Ihn seid!« »Wieso«, wollten sie wissen. Unser Freund, Sachkenner in germanischer Frühgeschichte, antwortete: »Wenn damals bei den Germanen einer moralisch schwach wurde – etwa gegen seine Frau oder ein Mädchen – wurde er ohne Gnade im Moor versenkt und so getötet. Da aber nach dem Wort unseres Herrn Jesus schon der Gedanke wie die Sünde zählt, frage ich Sie und uns alle: *wer* von uns würde dann noch den Kopf aus dem Moor herausstrekken, *wer* von uns allen würde dann noch leben nach Eurem altgermanischen Glauben? Dieser unser Jesus aber hat sich vor die Ehebrecherin gestellt und gesagt: »Wer unter euch ohne Sünde ist, der werfe den ersten Stein auf sie.« – Es wurde mäuschenstill im Saal. Unser Freund als Leiter der Debatte schloß: »Ich vermute, *keiner* von uns. Daß wir hier sitzen und kämpfen können, verdanken wir nur Jesus – ob wir das nun anerkennen oder nicht!« . . . Keiner vermochte etwas dagegen zu sagen. –

Ich aber schloß den Abend – nein, es war auch wieder früh morgens – mit den Worten: »Wir wollen nun auseinandergehen. Mehr können wir uns fürs erste nicht mehr sagen. Aber irgendwann im Leben wird in Ihrem Inneren ein Glöcklein läuten. Dann denken Sie an diese zwei Abende und rechnen Sie fest damit, daß mindestens einer von uns für Sie bereit sein wird. Nicht als Pfarrer oder als Christ, nein, zunächst nur als Mensch. Und dann kommen Sie – vielleicht finden Sie dann mehr – vielleicht einen Bruder oder gar Helfer, oder sogar den, um den wir uns gestritten haben.« – Beim Hinausgehen sagte der Bergführer zu mir: »Kann ich mal zu Ihnen kommen?« Auch ein zweiter schloß sich an: »Ich auch?« – Leider ist dieser zweite in Rußland gefallen, bevor er sein Vorhaben ausführen konnte. Aber gekommen – *heim*gekommen – ist auch er!

Abschließend aber ist noch von einem Beter aus der Gemeinde zu berichten: Wir beiden kämpfenden Gruppen hatten einander gelobt, über alles zu schweigen ... Am nächsten Vormittag wollte ein Bauer um alle Welt gern wissen, *wann* unser Geisteskampf zu Ende gewesen sei. Eingedenk unseres Versprechens schwieg ich. Darauf er: »Ich mußte halt bis 2.30 Uhr früh für Euch beten. Erst dann schlief ich ein.« – Da hatte also ihn *der* wachgehalten, der gesagt hat: »Könnt Ihr nicht eine Stunde mit mir wachen!?« – Und wie gut und tief ist sonst manchmal der Kirchenschlaf dieser Männer ... Aber *hier* war einer dieser müden Bauern wachgehalten und zum Wächter geworden.

Der Bergführer hätte kommen können, denn *er* lebt heute noch. Aber er kam nicht. – Lange Zeit später traf ich ihn in Pforzheim. Ich ging auf ihn zu und sagte: »Na, Sie wollten doch mal zu mir kommen?« – Seine Antwort machte mich sprachlos: »Ich gehöre längst zu Ihnen und Ihrem Kreis. Wann und wo ist Ihr nächstes Treffen?« Ich konnte ihm antworten: »In Gernsbach im Haus Seyfarth.« Er fiel mir ins Wort: »Darf ich dabei sein?« – Selbstverständlich lud ich ihn ein. – Und dann sprudelte es nur so aus ihm heraus, *wie* es dazu gekommen war: seine Frau lag verblutend daheim. Kein Arzt, keine Schwester zu erreichen. Ich aber stand am Bettende meiner Frau und fing an zu beten: »Herr, wenn Du lebst, wie die Männer in

Grötzingen gesagt haben, dann greife jetzt ein!« Und was meinen Sie? »Auf einmal stand das Blut still und meine Frau war gerettet. Darum *muß* ich Ihrem Jesus gehören, ob ich will oder nicht!« . . .

So wuchs Arndt – so wollen wir ihn einmal nennen – wie ein Bruder in unseren Kreis hinein. Da er als SD-Mann vom politischen Sicherheitsdienst zur Bespitzelung der Kirchenleute eingesetzt gewesen war, kam er nach dem Krieg ins »Umerziehungslager« der Amerikaner. Aber sie merkten bald, daß er ein lebendiger Christ war. Darum setzten sie ihn, obwohl er kein Pfarrer war, als Lagerseelsorger ein. Nicht lange darauf kam er frei und ist heute ein treues aktives Gemeindeglied. – Er und sein ehemaliger leidenschaftlicher Widersacher Karl Schlagenhof gemeinsam im Dienst unseres Herrn!!

Erst später kam heraus, daß Arndt als Mitglied des SD mehrfach unseren Freundeskreis vor dem Zugriff der Gestapo gerettet hatte. Auch ging aus den nach Kriegsende im Elsaß gefundenen Nazi-Akten hervor, daß für uns als Christen mit internationalen Verbindungen nach dem »Endsieg« die Todesstrafe vorgesehen war. –

Aus dieser Geschichte habe ich für mein Leben folgendes erkannt: *Wenn* Jesus es fertig bringt, je einen führenden Kommunisten *und* Nazisten aus festgefügten, dicken Mauern herauszubrechen und als Brüder in seiner Gemeinde zusammenzuführen, *dann* vermag Er auch wirklich alles andere auf dieser Welt. Ihm ist schlechterdings nichts unmöglich. – Meinen Sie das nicht auch? –

Der letzte Ausweg?

Ist es nicht alarmierend: alle vier Minuten versucht in Deutschland ein Mensch sich selbst zu töten? – Und diese Zahl steigt noch ständig an. – Da ich weiß, wie hilflos Verwandte und Freunde solcher Gefährdeten dieser modernen Seuche gegenüberstehen, berichte ich von einigen Menschen, für die menschliche Hilfe gerade noch rechtzeitig oder aber *zu spät* kam.

Ein guter Freund, der mir viel geholfen hat, geriet in große finanzielle Schwierigkeiten. Sie brachten Scham, Schande und Strafe über ihn. Damals versuchte ich noch, in Liebe, alles begütigend, solchen Menschen ihre Lage positiv zu deuten. Aber ich habe es schmerzlich erfahren müssen, daß das nichts hilft! Es ist weitaus besser, ruhig und sachlich mit dem Verzweifelten in brüderlicher Verbundenheit und Solidarität der Wirklichkeit standzuhalten und mit ihm zusammen bei Gott Hilfe und Vergebung zu suchen.

Ein Kurzschluß führte einen meiner Freunde zu einem Selbstmordversuch, der zum Glück mißlang. Er konnte – zusammen mit seiner Frau und seinen Kindern – äußerlich gerettet werden. Aber die Hauptsache kam nun auf uns zu: seine innere Rettung. Das gilt für alle Selbstmord-Gefährdeten, ganz gleich, welche Motive sie auch zur letzten Verzweiflung treiben. –

Es dauerte ziemlich lange, bis wir auf die richtige Fährte kamen, nämlich auf die Schliche des Teufels. Denn gerade aus dieser Ecke kam die eigentliche Not meines Freundes. Erst redete ihm der Böse ein: das macht doch nichts – das merkt doch keiner . . . Als aber alles ans Tageslicht kam, sagte dieser »Lügner von Anfang an«: Nun ist alles aus – jetzt mach' Schluß! – Der schwer angefochtene Mann war in großer Gefahr, so wie den ersten nun auch noch den zweiten teuflischen Rat zu beherzigen.

Als wir aber gemeinsam diesen Schwindel durchschaut hatten, gingen wir mit vereinten Kräften daran, die *wirklichen Besitzverhältnisse* zu klären: warum brauche ich dieser Stimme nicht mehr zu gehorchen? – »Das muß schon eine große Macht sein, die dieser Übermacht des Argen trotzen kann« – so sagte mein Gesprächspartner nach allen erlittenen Niederlagen. Mir fiel ein altes Tauflied ein – das sagte ich ihm:

> Satan, laß' dir dieses sagen:
> ich bin ein getaufter Christ! –
> Und damit kann ich dich schlagen,
> ob du noch so mächtig bist.
> Da ich bin zur Taufe kommen,
> ist dir alle Macht genommen,
> und von deiner Tyrannei
> machet Christi Blut mich frei! –

Wenn wir diese Verse noch untermauern lassen von der frohen Botschaft des Römerbriefes in Kapitel 6 Vers 3 und 4, dann sehen wir: Unsere Taufe bedeutet weit mehr, als die Kindertaufe zeigt: mit Ihm begraben in den Tod *und* mit Ihm auferweckt zu einem neuen Leben. – Dieses zweimalige »mit Ihm« zeigt deutlich die Besitzverhältnisse. Vielleicht hat der fallsüchtige Apostel Petrus genau das gemeint, wenn er vor dem Teufel kräftig warnt und uns mit Vollmacht ermahnt: »dem *widerstehet* fest *im Glauben!*« Noch selten hat ein Bibelwort so hilfreich gewirkt. Wir können widerstehen! Mein Freund war los und frei für sein ganzes Leben. –

Eine zweite Erfahrung vermittelte mir eine weitere hilfreiche Erkenntnis: Justus Ferdinand Laun machte bei seinen vielen Reisen durch Deutschland und die Welt unter anderem auch in einem »Zuchthaus« Besuch, wie man die Strafanstalten früher nannte. Nach seinem Vortrag erbat ein Mann ein Gespräch. Er hatte zwei Morde begangen. Einen davon an seiner Mutter, die er mit einem Beil erschlagen hatte. Durch die Einsamkeit vor dem richtenden Gott war er völlig in Verzweiflung geraten. Er meinte nur durch Selbstmord seine Tat sühnen zu können. Gleich einem heißen Lavastrom schoß alles aus ihm heraus, wie aus einem Krater. Mein Freund Laun kam gar nicht zu Wort. Nachdem er sich alles vom Herzen geredet hatte, atmete der Muttermörder tief auf und sagte seinem Zuhörer zu dessen größter Überraschung: »Ich danke Ihnen herzlich – Sie haben mir geholfen. Ich werde mich nicht selbst töten. Jetzt brauche ich es nicht mehr.« Mit fast den gleichen Worten dankte mir ein Mörder in der Pfalz.

Was hat beiden Brüdern hinter Gittern eigentlich geholfen? – Wir hatten doch weder etwas getan noch auch nur gesagt? – Ja, aber beide hatten ein Du gefunden, dem sie alles sagen, bei dem sie alles abladen konnten. Genau *das* braucht jeder Mensch – vor allem der Selbstmord-Gefährdete. Hier ist die große Chance für die Telefon-Seelsorge. Für jeden angefochtenen Menschen in ganz Deutschland und weit darüber hinaus ist rund um die Uhr jederzeit solch ein Du bereit zum Hören. Und, wenn's richtig ist, zum sachverständigen Raten. Natürlich genügt das nicht, wenn nicht die frohe Botschaft von dem Retter aus aller Not dazu kommt. Weiterhin gehören dazu Väter und Mütter, Geschwister und Freunde, Vorgesetzte und Mitarbeiter und vor allem Lehrer und Mitschüler, die ein wachsames Auge und Herz haben. – Dann muß es bei keinem dieser Armen heißen: *zu spät!* Aus eigenen schmerzlichen, negativen Erfahrungen möchte ich das, was hier notwendig ist, einmal so ausdrükken: *Es geht um verantwortliches Nahesein.*

Nach einer seelsorgerlichen Vortragswoche in Norddeutschland kam ans Tageslicht, daß ein Vater kurz vor dem Selbstmord gestanden hatte. Und keiner hatte es bemerkt. Mir, d. h. genauer: Gott selbst offenbarte er sich. Es gab zuerst ein großes Erschrecken in seiner Familie. *Daran* hatte niemand auch nur entfernt gedacht. Aber dann kam etwas, das sehr anschaulich zeigte, was jedem Selbstmordkandidaten helfen kann: *lebendige Gemeinschaft*. Wir schlossen nämlich einen Kreis um ihn: Mutter, Tochter, Sohn und ich. Wir gaben uns die Hand und gelobten uns wie beim Rütlischwur, fest den gefährdeten Vater zu umstehen. *Das* hat ihm geholfen. – Keiner von uns kann leben ohne einen *hilfreichen Kreis*, ohne eine Gemeinschaft mit Tragkraft. –

Dennoch wird alles bisher Gesagte und Erlebte nicht in jedem Fall ausreichend sein. In Bayern kam in einer Woche praktischer Hilfe eine steinreiche, tief unglückliche Frau* in unsere Aussprache. Man sah ihr an: hier ist Gefahr in Verzug . . . Ich schlug ihr vor: wir wollen einmal zusammen vor dem lebendigen Gott stille werden. Dann würde klar, wo es fehle. – Weiter regte ich an, nach Luthers vierfachem Rat zu verfahren, also erstens zu fragen: wofür haben wir trotz allem noch zu danken? Zweitens: Worum wollen wir herzhaft bitten? – Drittens: Was haben wir vor Gott falsch gemacht und viertens: Welches soll unser erster Schritt sein? –

Frau Dr. Klar – so wollen wir sie nennen – überlegte lange und gründlich. Dann schrieb sie zwei Bogen voll, die ich ihr gereicht hatte. Es fiel ihr sichtlich schwer, das Geschriebene vorzulesen. Ohne zu drängen, machte ich ihr Mut. Sie wählte das Wichtigste aus und las kurz und bündig: Dank für Mann und vier gesunde Kinder. Bitte um Mut zur Entscheidung. – Ihr Versagen: sie hatte sich an ihrem Mann, der noch in russischer Kriegsgefangenschaft war, und ihren vier Kindern durch wiederholten Ehebruch versündigt. Alles Gelesene faßte sie zusammen: Mein erster Schritt ist, mir gleich heute oder morgen das Leben zu nehmen; ich habe es nicht anders verdient . . .

So kurz und grausam sachlich habe ich noch niemals jeman-

* Zum erstenmal berichtete ich hierüber in Hans Bruns »Begegnungen mit Christus«, 4. erweiterte Auflage 1953, im Brunnen Verlag Giessen.

den vom Selbstmord reden hören. *Was* veranlaßte meine Gesprächspartnerin dazu? Als kluger und gebildeter Mensch sah sie ein: die Tatsachen waren so schwerwiegend, daß es keine andere Hilfe geben konnte. Was sollte ich ihr sagen? – Ihr durfte ich nicht dogmatisch kommen, etwa mit »Selbstmord ist Sünde.« Auch moralisch durfte ich nicht werden. »Aber so etwas tut doch eine kinderreiche Mutter nicht!« – Ihr kühler, fast kaltblütiger Entschluß konnte nur entkräftet werden durch eine genau so nüchterne Antwort – *durch Tatsachen.*

Zunächst gab ich ihr vollauf recht: unsere Sünden verdienen ohne jeden Zweifel den Tod. Auch der Apostel Paulus sagt deutlich: »Der Tod ist der Sünde Sold.« Dann aber überlegten wir miteinander: genügt unser schwacher, elender Menschentod? – Was könnte er schon ausrichten gegen eine Last, wie die ihre? Als wir soweit waren, wurde ich an einen Zuspruch erinnert, den ein Mann vor etwa 2600 Jahren in ähnlicher Lage im fernen Orient empfangen hatte. Er lautet: »So wahr ich lebe« – spricht der Herr – »ich habe keinen Gefallen am Tode des Gottlosen –, sondern, daß er sich bekehre von seinen Wegen und *lebe...*«

Als ich ihr das sagte, fragte sie sofort: »Was bedeutet das praktisch in meiner Lage?« – Darauf antwortete ich: »Aus dem Sog, in dem Sie stecken, kommen Sie nur heraus durch eine entschlossene Abkehr von allem, was hinter Ihnen liegt und auch von Ihrem Entschluß, der vor Ihnen liegt.« – »Dazu habe ich aber keine Kraft mehr«, war ihre Entgegnung.

Jetzt erkannte ich: bei Verzweifelten darf man nicht an ihren Willen appellieren! Zugleich aber sah ich im Geist deutlich den Isenheimer Altar in Kolmar vor mir, mit dem überlangen Finger des Johannes, den er auf das Kreuz hinweisend ausstreckt. – »Sie haben vollauf recht: unsere Sünde kostet uns den Tod. Aber dieser Tod ist bereits vor 2000 Jahren gestorben worden. Das hat Jesus Christus freiwillig für jeden von uns getan.

Darum ist kein Selbstmord mehr nötig. Sein Tod hat die Kraft und Geltung, auf die nun alles für Sie ankommt. Weil Er für uns gestorben ist, finden wir in jeder Lage die Kraft zum Leben. Was Sie nicht können, das kann Er. Er warf sein Leben für Sie in die Schanze. Sie kommen mit Ihrem eigenen Sühnenwollen zu spät – *viel* zu spät. – Außerdem ist mit Ihrem Selbstmord die Sache ja nicht aus der Welt! Nur der Schuldlose kann unsere Schuld aufheben. Dafür sprang Er in die Bresche. Als Er am Karfreitag rief: es ist vollbracht, da war das auch für Sie geschehen. – Tatsache!«

Da sie eine belesene und nachdenkliche Frau war, konnte ich ihr dazu noch das Wort Sören Kierkegaards sagen: »*Christus ist der einzig Gleichzeitige.*« Also, was damals geschah, gilt heute. – Und das Große geschah: Das konnte sie auf- und annehmen. Sie merkte: hier war eine Tatsache, die weltweit und sieghaft gegen ihre harten Tatsachen stand. Unvermittelt antwortete sie: »Und ich brauche mir nun auch nicht mehr mein Leben zu rauben? Der Mann in der Mitte hängt auch für mich?« »Ja«, sagte ich.

Nach hartem Ringen ging Frau Dr. Klar als ein anderer, neuer Mensch heim. Vorher haben wir beide dem gedankt, der Tatsachen schafft, die unser Herz, unseren Verstand und unser Gefühl überwältigen. Denn das hatte ich im Gespräch mit dieser Frau gelernt – ein Tübinger Arzt hat es einmal im Blick auf drogensüchtige junge Menschen so formuliert: Wir dürfen nicht nur den Denkbereich ansprechen, sondern auch den Gefühlsbereich miteinbeziehen! Als ihr Mann dann aus Rußland heimkam, schenkte ihr Jesus zur rechten Stunde den Mut und die richtigen Worte. Und auch ihr Mann vergab ihr vollauf. –

In einem anderen Fall kam ich fast zu spät: Eine verzweifelte Mutter rief mich um Hilfe für ihre Tochter, eine junge Frau mit einem neugeborenen Kind. Diese hatte sich aus unbekannten Gründen beide Pulsadern geöffnet und lag nun noch tief in der

Narkose. Nach bangem Warten schlug sie die Augen auf. Sie entdeckte voller Schrecken, daß ihr Plan mißlungen war und starrte mich wortlos an ... »Wollen Sie mich verdammen?« fragte sie dann ängstlich. »Nein, mein Kind (sie war meine ehemalige Konfirmandin), ich bin nur gekommen, um mit Dir für Deine Rettung zu danken – machst Du mit?« – Da schloß sie wieder die Augen, anscheinend vor Erschöpfung. Schon wollte ich mir Vorwürfe machen, daß ich womöglich zu frontal vorgegangen sei, als sie auf einmal wieder die Augen – diesmal aber ganz weit – aufmachte. Sie hatte nicht – wie ich vermutet hatte, geschlafen. Nein, im Gegenteil, sie fing nun mit Danken an. Einen Grund zum Danken nach dem anderen brachte sie heraus. Ich mußte ihr mit meinem Amen fast ins Wort fallen, damit ihr das erregte Sprechen nicht schade. Ich konnte sie nur noch fragen: »Machen wir das noch einmal?« – Völlig erschöpft, aber ganz bewußt und klar antwortete sie: »Nein, nie wieder!« So dankten wir noch miteinander *dem* Herrn, der dieser jungen Frau und Mutter eine doppelte Rettung geschenkt hatte: körperlich *und* seelisch. – Es war sehr spät gewesen, aber nicht *zu* spät. Getrost und frei gesundete sie für ein neues Leben.

Offen muß ich noch bekennen, daß es mehrere schmerzliche Fälle in meinem Leben gegeben hat, in denen ich leider *doch zu spät* kam. –

Dafür be-nöt-ige ich die Antworten in diesem Kapitel für mich ganz persönlich. –

Neues Leben durch ein Lied

Im Jahre 1937 besuchte der bekannte Schriftsteller Dr. Laun unsere Gemeinde Grötzingen. Dr. Erich von Eicken und der junge Vikar Walter Adler waren seine gesegneten Mitarbeiter. Seit 1932 hatte Laun auf Tagungen der sogenannten »Gruppenbewegung« tief auf unser geistliches Leben eingewirkt. Nun erhoffte ich von seinem Dienst einen entscheidenden Durchbruch in meiner Gemeinde.

Nun: Die ersten Eindrücke von ihm und seiner Mannschaft waren nicht überwältigend. Ferdi Laun – so nannten ihn seine Freunde – sprach nicht frei, sondern las seine Vorträge meistens ab. So war auch der Zustrom zu den Abenden zunächst nicht groß.

Dennoch war die Tiefenwirkung über unser Erwarten stark. Die Kette der Menschen, die sich im Pfarrhaus zur Aussprache anmeldeten, riß nicht ab. Ganze Familien wurden zum Glauben geführt. Viele dieser Hausväter wurden später Kirchengemeinderäte und blieben es bis zu ihrem Ende.

Höhepunkt und Abschluß der Woche sollte ein Abendmahlsgottesdienst sein. Natürlich bot ich mich als Ortspfarrer an, bei der Austeilung zu helfen. Mir unverständlicherweise lehnte Laun meine Mithilfe ab, sicher ohne zu ahnen, daß er mich damit verletzte. Tief betroffen saß ich in der letzten Stunde der für uns so wichtigen Woche in meiner Pfarrbank. Es bewegte mich während der ganzen Abendmahlsfeier fast nur die eine Frage: Wie kommt es, daß die Gemeinde und auch Auswärtige und Fernstehende so intensiv Gebrauch machen von dem Angebot dieser Woche, und daß du selbst so völlig außerhalb stehst – vom Evangelisten ausdrücklich zur Seite gestellt? – Vielleicht war da bei mir auch ein geheimer Neid im Spiel, daß so viele Gemeindeglieder, die sonst nie zu mir gekommen waren, zur seelsorgerlichen Aussprache mit Laun ins Pfarrhaus kamen, wobei ich immer nur den Türhüter machen konnte.

So wäre ich vielleicht tief verwundet aus dieser Woche gegangen, wenn nicht Pfarrer Laun am Ende der Abendmahlsfeier eines seiner schönsten Lieder gesungen hätte. Jahrelang hat er auf unseren Tagungen und Vortragswochen die Herzen vieler Menschen durch sein Singen bewegt. So stand er auch jetzt am

Schluß der Feier im Talar am Altar meiner alten Kirche und sang mit ausgebreiteten Händen das schöne Lied von Mendelssohn: »So ihr mich von ganzem Herzen suchen werdet, will ich mich von euch finden lassen, spricht der Herr, euer Gott!« – Das ganze Bild ergriff mich tief: Dieser so ganz von innen her erfüllte Zeuge Jesu Christi nun als Sänger seines Herrn! Dann aber wurde dieses Wort Jesu, über das ich schon manchmal in Predigten und Andachten selbst gesprochen hatte, zu einer persönlichen Botschaft für mich. Sie lautete, in meine Lage übersetzt, etwa so: du hast zwar alles für deine Gemeinde getan. Du warst bereit, Tag und Nacht *ihr* dienen zu lassen. Du hast dich gefreut, daß viele andere von ganzem Herzen gesucht und darum auch gefunden haben. *Aber* hast du, besorgter Gemeindepfarrer, auch etwas für dich selber ganz persönlich, ganz abgesehen von deiner Gemeinde gesucht? Könnte es nicht sein, daß dein Eifer »Gemeinde, Gemeinde, Gemeinde!« dich selbst um das Letzte bringt? Und stehst du nicht vielleicht gerade deshalb jetzt selbst so draußen, während viele Gemeindeglieder aus Grötzingen und anderen Orten drinnen stehen? – So etwa sprach noch während des Singens und auch nachher Gottes Wort ganz unmittelbar in meine eigene Lage hinein.

Sofort nach dem Segen meldete ich mich bei einem der Mitarbeiter zur Aussprache an. Er hieß Ludwig Zissel, war von Beruf Gastwirt und hatte im Isartal bei München eine große und gut besuchte Ausflugsgaststätte. Er war ein Seelsorger von Gottes Gnaden. Ich ging zu ihm, weil er mir von allen Mitarbeitern der barmherzigste zu sein schien. Ich breitete mein ganzes Leben, vor allem auch meine Bedrückung über die scheinbare Zurücksetzung, die ich jetzt schon als verkappte Eitelkeit erkannte, vor diesem schlichten Mann aus, als ob ich vor Gott selbst stünde. Dann sprach er mir mit einer solchen Vollmacht die Vergebung meiner Sünden zu, als ob er ein Apostel wäre. So etwas hatte ich noch nie gehört und erlebt. –

54

Nun begann eine Segenskette ohne Ende, die bis heute nicht abgerissen ist. Man kann es kaum in Worte fassen, was durch diese Nachtstunde an Bewegung in mein eigenes Leben und dadurch in das Leben vieler Menschen kam. Zunächst erschien sofort ein angesehenes Glied meiner Gemeinde, ein Ehrenmann, der aber nie die Gottesdienste besuchte; er verlangte stürmisch nach einer Aussprache mit Gastwirt Zissel. Da dieser aber nun abreisen mußte. wies er ihn auf mich hin und sagte: »Leider habe ich jetzt keine Zeit mehr für Sie, denn gleich fährt mein Zug. Aber hier steht Ihr Ortspfarrer!« In der Seele dieses nach einer Aussprache verlangenden Mannes wogte es einen Augenblick hin und her. Es kam zum Wägen, und dabei wurde ich zu leicht befunden. Darum sagte er ehrlich: »Nein, das kann ich nicht!« Darauf antwortete Zissel: »Gehen Sie nur zu ihm, er war eben selbst bei mir zur Aussprache!« Wieder wurde ich gewogen. Doch dieses Mal ging meine Waagschale hinunter, und er sagte schlicht und bereit »Ja«! –

Mit dieser ersten seelsorgerlichen Aussprache sofort nach der meinigen fing eine Kettenreaktion an, die noch nicht aufgehört hat. Vordergründig gesehen geschah das alles nach einer reichen Woche voll tiefgreifender Verkündigung. Aber vom Hintergrund her betrachtet kam es doch eigentlich alles durch das eine Lied, durch das unmittelbar ins Herz hineingesungene Wort Gottes, das mich von Grund aus umwandelte.

Was hat doch Ferdi Laun für uns und für viele weit über Deutschlands Grenzen hinaus bedeutet! Drei Dinge vor allem hat er uns wesentlich eingeprägt: *Stille* vor dem lebendigen Gott, Mut zur *seelsorgerlichen Aussprache* und vor allem die große und befreiende Botschaft von der *Hingabe*, das heißt der totalen Auslieferung an Jesus Christus, unseren Herrn. Das war wahrhaftig *Evangelium für unsere Zeit!* –

Bald bekam seine Arbeit auch weltweite Auswirkung. Das geschah vor allem durch einen jungen Theologen aus der Ostzone – Walter Trobisch. In einer Vortragswoche wurde er zu einem neuen Leben gewonnen, worauf er den Weg zur Mitarbeit in unserer Pfälzer Volksmission fand. Nicht lange danach führte ihn ein Stipendium für ein Studienjahr nach Amerika. Dort durfte er eines Tages die neuen Glaubenserkenntnisse, vor allem auch die mit der seelsorgerlichen Teamarbeit gemachten Erfahrungen, vor einigen 100 amerikanischen Pfarrern vortragen. So lernte ihn auch der amerikanische Pfarrer Busse kennen, der von dem Gehörten so beeindruckt war, daß er 1949 zu uns herüberkam, um mit der neuen Arbeit selber vertraut zu werden. Mit ihm und Trobisch zusammen besuchte ich dann viele Gemeinden in Nord- und Süddeutschland und in der Schweiz...

Später ging dann Walter Trobisch als Missionar nach Afrika. Dort konnte er gleich am Abend des ersten Tages in der Hafenstadt Douala zu Menschen ganz verschiedener Sprachen unsere frohe Botschaft sagen. Sie mußte durch mancherlei Übertragungen der Dolmetscher gehen. Dennoch blieben sofort nach diesem ersten Wort im ganz anderen Kontinent einige zur Aussprache zurück. Schon seine erste Nachricht von dort war voller Dank: »Unsere Botschaft ist echt – sie wird auch hier in Afrika von wildfremden Menschen sofort verstanden. Jesus der Sieger ist mit uns!« ... –

Einige Jahre später flog unser Freund Busse nach Japan. Dort durfte er in einigen Gemeinden und in einem College weitersagen, was der Herr selbst uns in einer ganzen Weite von Segenserfahrungen geschenkt hatte. – So strömte aus dem alten und ewig neuen Evangelium eine weltweite Kraft. Wir wissen: Der Dank dafür gebührt allein unserem Herrn Jesus Christus. Er schenkt seiner Gemeinde nicht nur Lehrer und Evangelisten, sondern auch schöpferische Lieder. Aber einen kleinen, schlichten und herzlichen Dank dürfen wir Gott doch auch dafür sagen, daß Er uns durch den nun schon längst heimgegangenen Dr. Justus Ferdinand Laun so viel Entscheidendes und Hilfreiches gesagt und gegeben hat. Was *er* uns ins Herz gesungen hat, gilt allen Menschen in der ganzen Welt: »So ihr mich von ganzem Herzen suchen werdet, will ich mich von euch finden lassen.« –

Krach bis ans Grab

Unser alter Friedhofswärter, Meister Rahrt, war ein Original. Eines Tages betrat er nach einer Beerdigung die Sakristei der Friedhofskapelle und sagte mir rundweg – wie es seine Art war: »Herr Pfarrer, eben haben Sie die Mutter von vier verfeindeten Kindern beerdigt!« Ich war entsetzt und widersprach ihm heftig, hatte ich die eben Beerdigte doch oft besucht und nichts dergleichen bemerkt. Aber er ließ nicht nach.

Was war geschehen? Kaum war die von allen hochgeschätzte Mutter gestorben, gab es sofort Meinungsverschiedenheiten wegen der Teilung ihres Nachlasses. – Es wird ja oft bei Leuten, die gut zueinander sind, kritisch gefragt: haben sie auch schon geteilt? – Genau das war die wunde Stelle bei dieser Familie. Die ganzen Tage vor der Beerdigung waren erfüllt von Streitigkeiten. Der Krach reichte in der Tat bis ans Grab. –

Darum bat ich Meister Rahrt, die vier Geschwister, die noch am Grabe standen, gleich hereinzubringen. Nach kurzem Warten kamen sie auch. Da nicht so viele Stühle vorhanden waren, hielten wir stehend unser Gespräch. Ich redete ihnen ins Gewissen: wie kommt Ihr nur dazu, als Kinder einer so frommen Mutter, uneinig an ihr Grab zu gehen? Sie ließen sich alles gutmütig sagen und meine kräftige Ermahnung gefallen. Auf mein Drängen zur Versöhnung antwortete mir einer der Söhne: *wir* vier sind gar nicht die Hauptschuldigen. Die Unzufriedensten sind die angeheirateten Kinder. Da diese noch draußen auf ihre

Ehegatten warteten, ließ ich auch sie hereinrufen. Nun standen wir dichtgedrängt in der kleinen Sakristei und berieten, was zu machen sei, damit wieder Friede einkehren kann. Auch unser neuer Vikar war dabei, dem ich bei diesem Anlaß zeigen wollte, wie in Grötzingen Beerdigungen verlaufen. Zuguterletzt waren alle bereit, einander über dem eben geschlossenen Grab der Mutter die Hand zur Versöhnung zu reichen. Mittlerweile war es auf dem Friedhof dunkel geworden. Die vier Ehepaare hängten einander ein. Unser neuer Vikar und ich machten es genau so. So zogen wir fünf Paare bergab ins Dorf zurück ... Vor dem Trauerhaus machten wir alle zehn kurz Halt. Da sagte einer der Beteiligten: Morgen kommt nun aber noch das Schlimmste dran – die Teilung! ... Ob wir das so allein hinkriegen? – So boten wir auch dafür unsere Hilfe an. Alle waren dankbar und bereit.

Am nächsten Tag traten wir unseren Dienst an, – bewaffnet mit meiner Schreibmaschine, damit jedes »Kind« und auch wir je einen Durchschlag der vollzogenen Teilung als Beleg in den Händen hätten. Um 9 Uhr vormittags ging's mit der Arbeit los. Alles wurde schiedlich, friedlich verteilt. Jesus hat zwar gesagt: »Wer hat mich zum Erbrichter über euch gesetzt?« – Aber wir konnten doch diese vier hilflosen Familien nicht allein lassen. Zunächst ging alles gut. Die meisten Sachen ließen sich gut durch vier teilen. Herzklopfen verursachten mir die drei Mostfässer. Drei Fässer unter vier Kinder? In dieser Bedrängnis half uns ausgerechnet derjenige, der sonst der größte Dickkopf war, mit seinem trocken hingeworfenen Satz: »Ich hab schon ein Faß und brauch keins mehr!« So erhielt jedes der drei anderen ein ganzes Faß, und dem Vierten wurde der Gegenwert gutgeschrieben. Bei manchen Gegenständen gab es trotz des Trauerfalls Heiterkeit ... Warum – das will ich hier weglassen.

Als alles fertig und verteilt war, unterschrieben wir alle zehn. Jeder erhielt seinen Durchschlag – ob sie ihn wohl noch alle zur

Hand haben? . . . Beim Weggehen hielten sie uns zurück. Jeder sollte noch einen Schnaps trinken. Damit ließen sie uns erst einmal allein. Ich aber sagte zu meinem Vikar: »Die machen sich's aber leicht. – So billig wären sie beim Notar nicht davongekommen!« So warteten wir . . . Endlich kamen die acht Friedfertigen wieder zurück. Jedes Ehepaar hatte einen weißen Briefumschlag in der Hand. Sie bedankten sich und betonten noch einmal – wie am Abend zuvor auf dem Friedhof: daß sie es allein ohne Krach nicht geschafft hätten. Dann überreichten sie feierlich ihre vier Briefumschläge, und wir gingen.

Als wir sie daheim im Pfarrhaus entleerten, waren wir erst einmal sprachlos: Der Inhalt war so gewaltig, daß wir damit einige Zeit später in der Diasporagemeinde Jöhlingen einen schönen Bauplatz für eine künftige Kirche erwerben konnten. Mein Nachfolger durfte sie dann auch wirklich bauen. Eigentlich hätte sie »Versöhnungskirche« heißen müssen, ruht sie doch auf einem guten Grund: Auf der Kraft der Vergebung Jesu und auf der Versöhnung von vier Ehepaaren.

Wie schön wäre es, wenn manche der heutigen Millionenprojekte für neue Kirchen und Gemeindezentren auf demselben festen Grund praktisch erfahrener Versöhnungen errichtet würden . . .? –

KRIEG

Siegfrieds Lebensbuch

An einem Freitag stand ich in der achten Klasse der Schule von Weingarten, das ich während des Krieges von Grötzingen aus mit zu betreuen hatte. Meinem Unterrichtsplan entsprechend sprachen wir gerade über Luther und die Reformation. Ich hatte mich auf diese Stunde besonders gut vorbereitet und war auf nichts anderes eingestellt, als diesen Kindern Luther recht lebendig vor Augen zu stellen. Plötzlich passierte mir etwas, was ich noch nie erlebt hatte. Unvermittelt sprach eine Stimme laut und vernehmlich in mir: »Sag den Kindern etwas vom Sterben!«

Um diese ganz und gar ungehörige und gar nicht hierherpassende Stimme in mir zu übertönen, fuhr ich um so lauter und konzentrierter fort, von Luther zu sprechen. Aber immer energischer – geradezu im Befehlston – erklang die Stimme in mir, bis ich schließlich nicht mehr weiter konnte: ich mußte der Stimme gehorchen. So machte ich kurzerhand Schluß und sagte den Kindern: »Räumt mal alle Eure Bücher weg und nehmt Euer Schreibheft vor.« Und dann diktierte ich ihnen einen Satz, der mich wenige Tage zuvor tief ergriffen hatte: »Es geht tief hinunter – in den Himmel hinauf!« Darauf gab ich den Konfirmanden auf, sie sollten noch vor dem nachmittäglichen Konfirmandenunterricht diesen Satz so schön sie könnten in ihr »Lebensbuch« schreiben, so daß dieser Satz eine ganze Seite füllen sollte. Und dann versuchte ich, den Kindern mit einigen Sätzen das Wichtigste von dem einzuprägen, was auch ein junger Christ vom Sterben wissen muß ...

Es war ja Krieg. Zwar hatte Weingarten noch keinen Luftangriff erlebt und so auch noch keine Toten und Verletzten gehabt. Aber immerhin – man konnte ja nicht wissen, warum ich gerade heute so an das Sterben gemahnt worden war. Im Krieg kann man junge Christen gar nicht früh genug für den Ernstfall rüsten. So erzählte ich der Klasse von einem meiner früheren Konfirmanden, wie er so früh habe sterben müssen und wie er so getrost und gewiß seine letzte Straße gezogen wäre. Und ich sprach von Jesus, der auch für die Kinder den Schrecken des Todes überwunden hat. Kurz vor dem Läuten beteten wir noch zusammen den 23. Psalm. Als letztes Wort sagte ich ihnen: »Darauf kommt also alles an: Seine Hand ergreifen – dann ist er bei Euch im Leben und im Sterben!« Dann läutete die Schulglocke – die Stunde war aus. –

Wir verließen die Schule – die Kinder zogen heim und ich ging zum Mittagessen ins Gasthaus, weil die Frau meines zu den Soldaten eingezogenen Amtsbruders verreist war. Aber ich hatte die Schlüssel zum Pfarrhaus. Darum konnte ich mich nach dem Essen ein wenig hinlegen. Irgendwie hatte mich diese so schwer gestörte Religionsstunde doch angestrengt. Auch mußte ich zum Konfirmandenunterricht ja wieder frisch sein.

Aber dann heulte kurz vor 13 Uhr – die Konfirmanden konnten noch nicht zum Unterricht unterwegs sein – die Luftschutzsirene auf. Zunächst nahm ich das noch nicht ernst. Hier im ländlichen Bereich war noch nie etwas passiert. Gleich darauf aber wurde ich durch einen schweren Bombeneinschlag aufgeschreckt. Also doch! Schnell stand ich auf und wartete, was kommen würde.

Bald läutete es. Ein Konfirmand, Insasse eines Heims für Schwererziehbare, stand völlig verwirrt vor mir: »Herr Pfarrer – der Siegfried ist tot – und auch sein Bruder – und seine Mutter ist auch verwundet – kommen Sie schnell –! Schnell – schnell!!« – Rasch machte ich mich fertig und ließ mich von meinem »Strick« (so nannte ich ihn manchmal scherzhaft unter vier Augen!) führen, eine Zentnerlast auf dem Herzen.

Als wir in die Nähe des Einschlags kamen, sah ich Siegfrieds großes Elternhaus in Trümmern liegen. Siegfried und seinen ebenfalls toten Bruder hatte man in einer Nachbarscheune auf den Boden gebettet. Sie sahen schrecklich aus. Nicht so friedlich, wie sonst unsere Toten, sondern unbeschreiblich zugerichtet, dazu voller Staub und Dreck. Mir schnitt es ins Herz. Einige Nachbarn umstanden uns. Ich betete kurz mit ihnen im Anblick der grauenvollen jungen Opfer dieses schändlichen Krieges.

Dann führte man mich in ein Nachbarhaus zu der verletzten Mutter. Wir mußten schleunigst ihren schlimm zugerichteten Arm abbinden, damit der große Blutverlust nicht womöglich auch noch ihr das Leben kostete. Der Arzt war noch nicht da. Aber was sollte ich nun der verzweifelten Mutter sagen? Zunächst verschlug es mir alle Worte. Dann sagte ich schließlich zaghaft: »Frau Maier, denken Sie, Ihr Siegfried wurde für seinen so plötzlichen Tod vorbereitet.« Nun wollte die todblasse Mutter mehr wissen. »Wieso?« sagte sie. Darauf berichtete ich ihr vom eigentümlichen Verlauf unserer letzten Religionsstunde am Vormittag. Während ich noch sprach, klopfte es an der Tür. Auf mein »Herein!« kommt mein »Strick«, keuchend vor Eifer und Dienstbereitschaft: »Herr Pfarrer, was kann ich tun?« Ja, diese pfiffigen Burschen sind oft hilfsbereiter und weit mehr bei der Hand als die zahmen Bürgerskinder. Ich sagte zu ihm: »Walter, jetzt kriegst du von mir den größten Auftrag deines Lebens. Willst du ihn ausführen?« Er war sofort bereit: »Was soll ich machen?« Ich: »Geh hinüber in das zerstörte Haus und suche unter den Trümmern Siegfrieds Lebensbuch.«

Fast fürchtete ich schon, ich hatte Walter damit überfordert, zumal auch Siegfrieds Mutter meinte, daß man so etwas von dem Jungen nicht verlangen dürfe. Der aber schlug bloß die Hacken zusammen, grüßte stramm mit dem damals üblichen Gruß und verschwand, während ich an Dietrich Bonhoeffer denken mußte, der einmal gesagt hat, daß das Unmögliche auch eine Seite des Glaubens ist.

So warteten wir, was geschehen würde. Und siehe, nach einiger Zeit klopfte es wieder an der Tür. Walter, der Strick, kam und hielt – über seinem Kopf schwingend – Siegfrieds Lebensbuch in der Hand. In größter Spannung – fast nervös – schlug ich das selbstgeschriebene, fein verzierte und reichlich ausgemalte Lebensbuch auf und mußte weinen. Etwas völlig Unerwartetes kam hier auf mich zu: In dieser kurzen dreiviertel Stunde zwischen Religionsunterricht und Mittagessen hatte Siegfried bereits den Ertrag der Stunde ganzseitig gemalt: *»Es geht tief hinunter in den Himmel hinauf!«*

So war also diese mir erst so ärgerliche und unbegreifliche »Störung« meines Unterrichts nötig gewesen, um mit diesem Spruch meinen lieben Siegfried zum Sterben vorzubereiten! Über das Heft war ein Schuß von seinem Herzblut geflossen ... Ein Bombensplitter hatte ihn sofort getötet. Indem ich seiner Mutter dieses erschütternde Dokument zeigte, sagte ich: »Sehen Sie, liebe Frau Maier, so war es also Jesu Wille, daß ich Ihren lieben Jungen zum Sterben vorbereiten sollte. Daher der zwingende Mahnruf: »Sterben! – Sterben! – Sterben!«

Noch heute bekennt es Frau Maier jedem, der es hören will, daß sie damals, obwohl schwerverletzt und ihrer beiden einzigen Söhne beraubt, reichlich durch Christus getröstet wurde – durch Ihn ganz persönlich! –

Die Nazis ihrerseits rissen dann natürlich die Beerdigung propagandistisch an sich und feierten die beiden armen Jungens pompös als Märtyrer des »Dritten Reiches«. Ich aber ließ es mir in meiner Ansprache nicht nehmen, der ganzen Gemeinde zu sagen, wie Siegfried zum Sterben vorbereitet wurde, und wie das Wort »Es geht tief hinunter – in den Himmel hinauf!«, das er so schön und sorgsam in sein »Lebensbuch« gemalt hatte, ihm mitten im schrecklichen Sterben den Weg zum wahren Leben gezeigt hatte. –

Als ich dann viele Jahre später anläßlich eines Besuches in Weingarten Siegfrieds Mutter wiedersah und sie auch nach dem »Lebensbuch« fragte, berichtete sie mir, daß es jetzt in den Vereinigten Staaten bei Verwandten die Runde mache, und wie immer wieder nach ihm gefragt würde. So hat dies Wort vom Weg zum Himmel hinauf durch die Tiefe sogar noch einen zweiten Kontinent erreicht. Was mag es wohl inzwischen den vielen Lesern gesagt haben? – Siegfrieds Mutter, sein ferner Schulkamerad Walter und ich jedenfalls sind Zeugen für den Herrn Jesus, der Macht und Gnade hat, alle rechtzeitig auf die ungewisse und doch so gewisse letzte Stunde unseres Lebens vorzubereiten. Und Siegfrieds Lebensbuch war zum weltweiten Zeugnis ewigen Lebens geworden. –

Die Brücke und der Brückenbauer

Eine der wertvollsten Brücken unseres alten und sehenswerten Malerdorfes Grötzingen – jetzt in Karlsruhe eingemeindet – ist die alte Brücke der Staigstraße. Napoleon soll in seinem Kriegszug gegen Rußland 1806 über sie gezogen sein. Die Dreieinheit von Kirche – Brücke – Schloß ist einzigartig. Darum sind die Grötzinger auch stolz darauf. Nicht umsonst wurde Grötzingen als Filiale der Karlsruher Künstler zu einer weithin geschätzten Malerkolonie. Fikentscher, Rumm und Kallmorgen standen uns am nächsten; Fikentscher, weil er unser Nachbar, Rumm, weil er lange Jahre Organist unserer Gemeinde war, und Kallmorgen als Vater unserer Frau Dr. Knab.

Dieser einmalige Winkel von Schönheit wurde im zweiten Weltkrieg schwer bedroht. Es war ganz zum Schluß. Der sinnlose Krieg war schon längst verloren. Da versetzten uns noch aussichtslose Verzweiflungstaten deutscher Kommandanten in

Schrecken. Man meinte in letzter Minute noch, den Feind am Vormarsch hindern zu können. So sehe ich unseren Heimatfreund und Ehrenbürger, Oberlehrer Mössinger, ins Pfarrhaus eilen mit der Hiobsbotschaft: unsere Staigstraßenbrücke soll morgen gesprengt werden. Mit ihr zusammen sind aber auch die beiden anderen in unmittelbarer Nähe liegenden unersetzlichen Baudenkmäler, Kirche und Schloß, aufs Schwerste bedroht. Alle Vorstellungen beim Kampfkommandanten fruchteten nichts. Es hieß nur immer, wie damals so oft –: »Befehl ist Befehl!« Mit dieser Parole rannten viele ins Verderben und zogen ganz Deutschland mit sich in die Tiefe. In dieser verzweifelten Lage kam unser treuer Oberlehrer noch einmal zu uns und teilte mir mit, daß die Sprengkapseln bereits an verschiedenen Punkten der alten Brücke angebracht seien. So war also auch unsere alte, liebe, 1215 erbaute Kirche wie so oft in ihrer langen wechselvollen Geschichte vom Untergang bedroht.

Was sollte ich tun? Meine verzagte Gemeinde rief mich um Hilfe an. Aber wir Pfarrer waren doch in jener Zeit die machtlosesten Menschen in ganz Deutschland! In dieser Lage, die ich – wie einst Daniel – in einer stillen Pause vor Gott ausbreitete, kam mir ein erlösender Einfall. Ich sagte mir: es gibt Schlüsselmenschen. Also war die Frage: Wer ist *der* Mensch in Grötzingen oder Umgebung, der allein den Schlüssel zum Herzen dieses Kommandanten hat, der ihn zum Guten und Vernünftigen beeinflussen kann? – Dabei kam mir der Name einer Frau, von der ich dachte, daß sie wohl dieser Mensch sein könnte. Sofort machte ich mich auf den Weg zu ihr und bat um Vermittlung. – Dabei war mir klar, daß sie trotz ihres großen Einflusses damit überfordert war. So mußte ich meine und meiner verängstigten Gemeinde Sorgenlast an einer ganz anderen Stelle abladen, ging doch alles weit über unsere Menschenkraft . . .

Also landete ich arm und hilflos im Pfarrhauskeller. Hier hatte auf Weisung des Denkmalschutzes unser altes wertvolles

Altarkreuz aus der Schule Riemenschneiders Zuflucht gefunden. Und hier, bei dem am Kreuz Erhöhten, suchte ich nun Stille zur Ordnung meiner Gedanken und Zuflucht. Wie oft hatte die Gemeinde – wie es in der alten Chronik heißt – in den Zeiten des dreißigjährigen Krieges bei ihm Hilfe gesucht und gefunden! Damals war Grötzingen durch die Pest von etwa 1200 Einwohnern auf 12 Familien zusammengeschrumpft. Diese kleine Schar saß sonntäglich unter dem erhöhten Kreuz Jesu, blickte zu Ihm auf und bekannte: Du – Du bist unsere Zuversicht alleine – sonst haben wir keine! . . .

So wandte ich mich auch heute angesichts unserer Not und Angst an ihn. *Was* Er mir in diesem stillen Zwiegespräch gesagt hat, weiß ich nicht mehr. Nur *eines* weiß ich heute noch nach Jahrzehnten ganz genau: meine nervöse Ängstlichkeit wich von mir wie eine dunkle Wolkenwand. Ich konnte still und voller Zuversicht den alten Luftschutzkeller verlassen.

Nicht nur der Aufblick zu der Wolke von Zeugen, die in den vergangenen Jahrzehnten zu Ihm aufgeschaut und Hilfe gefunden hatten, befreite mich von meiner Angst, sondern Er selbst. Das bange, lange Warten fiel mir nicht mehr so schwer wie bisher.

Wenige Stunden später durfte ich dem Kommandanten selber sagen, was diese Brücke für uns bedeute, da ihre Zerstörung unweigerlich auch den Untergang unserer siebenhundertjährigen Kirche bedeuten würde. Natürlich predigte ich zunächst tauben Ohren. Es war, als ob der Ausgang des Krieges von dieser einzigen Brücke abhinge. Auch schien er zu fürchten, daß die Schonung der Brücke ihn Kopf und Kragen kosten könne. Schließlich versuchte ich ihm mittels einer Skizze zu beweisen, daß die Brücke für den Feind sowieso kein ernstliches Hindernis wäre, da er sie unschwer umgehen könne. So würde auch ihre Sprengung ihn nicht aufhalten können und uns nur Unersetzliches zerstören. Daraufhin gab er nach. Die Sprengkapseln wurden entfernt, und die Grötzinger konnten wieder aufatmen. Brücke, Schloß und Kirche waren gerettet. –

Wichtiger aber als die Brücke über einen Abgrund ist die Brücke von Mensch zu Mensch, von Volk zu Volk. Solche Brükken zu bauen gilt noch mehr, als Brücken aus Stein und Eisen vor der Zerstörung zu bewahren. Um einen solchen Brückenbau ging es für uns Grötzinger ebenfalls kurz vor dem Einmarsch der Franzosen:

Bei einem Krankenbesuch sprach ich auch mit dem Sandhofmann in der Kelterstraße. Während unseres Gesprächs ging ein französischer Zivilkriegsgefangener an uns vorüber. Er trug die für sein Volk übliche Baskenmütze. Mir huschte der Gedanke durch den Kopf: wie eigenartig, daß man ein ganzes Volk an seiner Mütze erkennen kann. Plötzlich heulten und jaulten französische Granaten über unser Dorf, unsere Straßen und Köpfe hinweg. Warnend sagte ich zu meinem Gesprächspartner: »Herr Hofmann, jetzt wird's aber allerhöchste Zeit, daß wir beide unsere Stellung räumen ...«; ich eilte ins Pfarrhaus, um bei meinen Lieben zu sein, wenn's ganz ernst würde.

Kaum war ich daheim, rannten zwei unserer Zivilsanitäter in unseren Pfarrhof und verlangten eine unserer Sanitätstragbahren, die wir im Nebenraum unseres Gemeindesaales griffbereit für Katastrophenfälle hatten. Meine Frau war Präsidentin vom Frauenverein des DRK, und ich war der Schriftführer. Auf meine Frage an die Sanitäter: »Für wen braucht Ihr die Tragbahre?« antworteten sie: »Ein französischer Zivilgefangener wurde in der Kelterstraße von einer französischen Granate lebensgefährlich verletzt. Wahrscheinlich muß das Bein amputiert werden. Es ist sehr fraglich, ob er überhaupt mit dem Leben davonkommen wird.« Bald darauf brachten sie ihn zu uns. Es war genau *der* Mann, den wir bei Beginn des Artilleriebeschusses vor kaum einer halben Stunde in der Kelterstraße gesehen hatten. Nun war er »dran« ...

Unsere eigenen Ärzte kämpften an der Front. Als Ersatz wurde ein Arzt aus der Mosbacher Gegend zum Dienst in unserer großen Gemeinde kriegsverpflichtet. Wir riefen ihn sofort herbei. Aber er hatte gar nichts, um dem schwerverwundeten Franzosen helfen zu können: Keine Instrumente zur Amputation des Beines, keine Spritzen zur Linderung der Schmerzen! So schlug ich vor, den Verwundeten sofort zu den Franzosen zu bringen, die schon in Durlach standen. Der Arzt, die Grötzinger Sanitäter und meine Frau stimmten dem zu. Der Verwundete selbst war besinnungslos.

Jetzt aber ging's um die Frage: Wer bringt den Franzosen zur französischen Hauptkampflinie? Da ich tags zuvor einen deutschen Gutsbesitzer zwischen den beiden Fronten beerdigt hatte, und mich also in diesem gefährlichen Niemandsland auskannte, bot ich mich für diesen Dienst an. Auch meine Frau, die im ersten Weltkrieg Hilfsschwester gewesen war, wollte in ihrer Schwesterntracht mitgehen. Weil wir aber Eltern von sechs Kindern waren, wurde unser Anerbieten abgelehnt. Stattdessen stellten sich der Arzt und einige kinderlose Sanitäter zur Verfügung. Auch einige Schwesternhelferinnen wollten mitgehen.

So trugen sie also die Bahre über den Augustenberg, vorbei am Pestacker (ein Name aus dem dreißigjährigen Krieg). Fast der ganze Weg war von gefällten Baumstämmen versperrt. Erst in der Nähe des Durlacher Sportplatzes trafen sie auf eine französische Patrouille, die sie gefangen nahm. Die Hauptsache, ihr schwerverwundeter Landsmann, war den Franzosen merkwürdigerweise zunächst völlig gleichgültig. Sie hielten nämlich unseren tapferen Arzt für einen Spion und die uniformierten Sanitäter für versprengte deutsche Soldaten. So wurden alle erst einmal endlos verhört.

Zum Schluß wurde der verletzte Franzose endlich ins Lazarett gefahren und unsere Grötzinger Freunde aus der Gefangenschaft entlassen, wobei sie immer fünfzig Schritt vor der sie wieder zurückbringenden Patrouille gehen mußten. Sollte ein Schuß fallen, so würde der Arzt sofort erschossen werden. Zum Glück passierte nichts, und unsere fünf Getreuen kamen heil wieder zurück. Eine ganze Gemeinde von 6000 Menschen hatte voller Bangen die Heimkehr der Rot-Kreuz-Retter erwartet. Nun aber war des Berichtens kein Ende.

Nach dem baldigen Einmarsch der Franzosen veranstalteten wir dann für die gelungene Rettung von sechs Menschen, eines Franzosen und fünf Deutschen, einen Lob- und Dankgottesdienst. Er war überwältigend stark besucht. Noch größer war die Wirkung dieser wunderbaren Errettung auf unseren Arzt: er, der vorher nichts vom Evangelium wissen wollte, besuchte fortan allsonntäglich unsere Gottesdienste. Ganz vorn setzte er sich hin. Er wollte damit bekennen, was *Jesus*, der *Brückenbauer* zwischen zwei verfeindeten Völkern, auch bei ihm erreicht hatte. –

Noch eine erstaunliche Folge hatte die mutige Rettung des Franzosen durch uns: Während ringsum in den Städten und Dörfern viele Frauen und Mädchen vergewaltigt wurden, geschah in unserem Grötzingen nichts dergleichen. Die Liebe Christi hatte durch ein gerettetes Menschenleben zwischen unseren Feinden und uns eine Brücke geschlagen. Mehr und mehr solcher Brücken baute Christi Botschaft der Versöhnung zwischen den geschlagenen Völkern, bis sich schließlich in Caux über dem Genfer See die beiden großen Staatsmänner, der deutsche Bundeskanzler Konrad Adenauer und der französische Ministerpräsident Robert Schumann, unter dem Zeichen der »Moralischen Aufrüstung« die Hände reichten. Das war der Anfang vom Ende einer jahrhundertealten Feindschaft zwischen zwei Nationen. Wir, Franzosen und Deutsche, durften erfahren: Christus ist der wahre Brückenbauer, – nicht nur zwischen Gott und Mensch, sondern auch zwischen Mensch und Mensch, zwischen Volk und Volk.

Brückenbauerlied

Fest auf Felsengrunde bau'n wir auf zum Bunde,
Gottes Plan treibt uns an, führt uns jede Stunde.
Und Land schließt sich an Land,
Volk an Volk halten wir stand:
So bauen wir zusammen,
Die Welt zu umspannen,
Brücken von Mann zu Mann,
die niemand sprengen kann . . .

Daß die Brücke werde um die ganze Erde,
sollen Neid, Haß und Streit überwunden werden.
Der Ruf tönt hell und klar:
Sei ehrlich, treu und wahr!
So bauen wir zusammen,
Die Welt zu umspannen,
Brücken von Mann zu Mann,
Die niemand sprengen kann . . .

Unser Tun und Streben, unser ganzes Leben
Wollen wir, Gott, nur Dir, in die Hände geben.
Gib' Kraft uns alle Stund',
Leg' Dein Wort uns in den Mund!
So bauen wir zusammen,
Die Welt zu umspannen,
Brücken von Mann zu Mann,
Die niemand sprengen kann . . .

Dieses Lied eines unbekannten Verfassers wurde aus Vorsorge vor dem zweiten Weltkrieg und dann erst recht danach zur inneren Sammlung viel gesungen. Text und Melodie sind nichts Außergewöhnliches, aber sie sprechen aus, was Brückenbauer aller Zeiten tief bewegt . . .

Dynamit

Gleich nach dem zweiten Weltkrieg wurde ich in die Pfälzische Landeskirche berufen, um dort die volksmissionarische Arbeit zu begründen und auch einige Jahre zu führen. Für diese Zeit blieb ich im zweiten Stock meines früheren Grötzinger Pfarrhauses wohnen. Unten zog ein ostpreußischer Pfarrer mit seiner Familie ein. Oben im Dachgeschoß wohnten unsere insgesamt elf Kinder friedlich beieinander. Da wir in jener Zeit alle miteinander sehr arm waren, mußte ich immer alles, was ich von Tag zu Tag brauchte, in zwei Koffern und einigen Handtaschen erst nach Durlach zur Straßenbahn schleppen. Von dort fuhr ich bis zur Endstation. Dann ging's wieder weiter mit dem Schleppen: Erst zu Fuß bis zum Rhein und dann mit der Fähre hinüber in die Pfalz bis zum Bahnhof Wörth. Mit dem Zug – wenn einer kam – fuhr ich weiter nach Speyer, zu meinem Büro. Dieser letzte Teil der Fahrt war immer der schwerste, galt es doch, angesichts der Trauben von Menschen, die sich damals an die Züge hängten, überhaupt erst einmal in den Zug hineinzukommen. Und das alles mit meinen beiden schweren Koffern! Und in diesem unvorstellbaren Durcheinander von Koffern, Kisten und Kasten noch die französischen Gepäckkontrollen! Die Franzosen waren damals sehr ängstlich und untersuchten allmal sehr kleinlich.

Eines Tages war Offizierskontrolle, das heißt also, daß noch sorgsamer als sonst kontrolliert wurde. Ich sah diesem Tun im Blick auf mein Schrifttum und meine Fressalien mit etwas Bangen entgegen. – Fast wäre ich sogar selbst schuld gewesen, wenn wirklich etwas passiert wäre. Ich hatte im Innern des Eisenbahnwagens Platz gefunden – eine große Seltenheit – und hatte, um Platz für die Nachströmenden und die Standesherrschaften zu machen, meine sämtlichen Gepäcksachen kunstgerecht in beiden Gepäcknetzen verstaut. Nun kam also der junge, forsche Offizier und befahl: Gepäckkontrolle! – Alles öffnen! Als er sah, wie schwer meine zwei Koffer waren – ich brauchte Mithilfe zum Herunterholen – herrschte er mich an: »Was haben Sie denn da drin? Was ist so schwer?« – Da fuhr mir, ehe ich mich versah, ohne jede Besinnung wie der Blitz ein Wort heraus: »*Dynamit!*« War es Trotz gegen die Arroganz dieses Vertreters der feindlichen Besatzungsmacht oder nur Faulheit und Verdrossenheit wegen der Sondermühe, die er mir machte? Es war mir eben halt so herausgerutscht. Das gab nun natürlich einen wüsten Auftritt! Noch ehe meine Koffer geöffnet waren, strömte auf das Gebrüll des Offiziers alles sofort dahin, wo ich armer Pfarrer wie ein Verbrecher stand. Auch alle seine Untergebenen rückten sofort mit gezückten Waffen auf mich los. Durch meine leichtsinnig hingeworfene Bemerkung hatte ich mich selbst ungeahnt in die allergrößte Lebensgefahr gebracht. Nicht besser wurde die Situation, als meine Koffer offen standen, und obendrauf lauter Neue Testamente lagen, die ich zur Verteilung mitgenommen hatte. Nun stand ich plötzlich da als einer, der die hohe Besatzungsmacht verspotten wollte. So eine Missetat kann sich heute kein Mensch mehr vorstellen. Ich wurde also abgeführt und als Schwerbeladener und Belasteter schweißtriefend dem Kommandanten im Bahnhof Wörth vorgeführt. Es war ein Glück, daß ich, wie immer, auch mein griechisches Neues Testament in meiner Aktenmappe hatte. So konnte ich dem hohen und gestrengen Gremium nach einigem Hin und Her zeigen, daß da wirklich im ersten Korintherbrief im ersten Kapitel, Vers 18, das Wort »Dynamit« zu lesen ist.

Ich sehe einige der Herren noch heute etwas verdutzt mit dem Finger das griechische Wort »dynamis« unterstreichend nachfahren. Nun stieß ich meinerseits kräftig nach: Das eben sei mein hohes Amt, dieses zwar friedliche, aber höchst revolutionäre Dynamit zu verbreiten und zu verkündigen. Ich entschuldigte mich so höflich, wie ich in meiner Aufregung nur konnte, für das entstandene Mißverständnis und schenkte dem Obersten und dem jungen Offizier noch je ein Buch voller Dynamit: nämlich das Buch meines Freundes Henri Ochsenbein * in Französisch: »Wunderbare Dinge geschehen«; dazu jeweils das Neue Testament in französischer Sprache. Dann ließen sie mich, wenn auch noch immer etwas kritisch und mißtrauisch, frei. Ich aber zog meine Straße, wenn auch nicht gerade fröhlich, so doch trotz aller Kofferlasten viel unbeschwerter, als beim Vorführen. Mein Zug freilich war inzwischen längst abgefahren. –

Niemand hat wohl in diesem Augenblick gedacht, daß diese Szene noch ein bedeutsames Nachspiel haben würde. Vor wenigen Jahren berichtete mir ein junger Amtsbruder, sein Vater und er hätten vor einiger Zeit in Frankreich das Zeugnis eines Franzosen gehört. Dieser bekannte als ehemaliger Offizier, gleich nach dem Krieg einen sonderbaren Deutschen getroffen zu haben. Der habe behauptet, daß er Dynamit in seinen Koffern mit sich schleppe. Er habe aber damit gemeint: im Worte Gottes stecke das wirksamste Dynamit und er (der Franzose) solle es nur ausprobieren. Nach einigen Jahren habe er sich ans Neue Testament gemacht und entdeckt, daß darin eine Botschaft enthalten sei, die mehr sei als Dynamit. *Diese* Sprengkraft habe ihm zu einem neuen Leben verholfen.

Jesus hat nicht nur römischen Hauptleuten das Herz abgewonnen. Er kann auch den forschesten Besatzungsoffizier jeder Macht dieser Welt in West und Ost kraft dieses Dynamits innerlich so verändern, daß aus einem Feind und Gegner – ein *Bruder* wird.

---

* Henri Ochsenbein »Wunderbare Dinge geschehen«, erschienen im Brunnquell-Verlag, 7418 Metzingen.

Harrys große Stunde

Im letzten Krieg hatte ich stellvertretend in verschiedenen Gemeinden Konfirmandenunterricht zu geben. In einer dieser Gemeinden traf ich einen sehr widerspenstigen Jungen an. Er wollte nichts lernen und beteiligte sich auch kaum am Unterricht... Oft mahnte ich ihn: »Bub, Du kannst einmal in schwere Lebenslagen kommen. Dann brauchst Du bestimmt, was wir uns jetzt fürs Leben einprägen.« Aber Harry wollte nicht! –

Eines Tages wurde ich von der Unfallstation des nahen Krankenhauses angerufen. Dort lag Harry bewußtlos nach einem Rodelunfall. An einer rechtwinkligen Kurve war er aus der Bahn geraten und in ein großes Zementrohr hineingerodelt. Das hatte nun den armen Jungen an Kopf, Rumpf und Beinen lebensgefährlich verletzt. Die Stationsschwester bat um mein sofortiges Kommen. Vor dem Zimmer des Schwerverletzten sagte sie zu mir: »Herr Pfarrer, das muß wohl einer Ihrer allerbesten Konfirmanden sein.« Ich fragte: »Wieso?« – Sie antwortete: »Er betet ohne Unterbrechung Psalmen und Liederverse.«

Voller Spannung betrat ich das Einzelzimmer, in dem Harry lag. Nun hörte ich ihn nacheinander den dreiundzwanzigsten und sechsundvierzigsten Psalm, dazu »Ein feste Burg ist unser Gott« aufsagen. Ohne klare Besinnung, aber andächtig und fehlerfrei betete das sterbende Kind. Ich traute Augen und Ohren nicht. Was ging hier vor? Was er nie lernen wollte und im Unterricht auch nie gekonnt hatte, das sprach er nun, als sei er wirklich ein Musterschüler. Auf die Bitte der Schwester rief ich ihn beim Namen: »Harry!« Obwohl er seit vielen Stunden nicht bei sich und auch nicht ansprechbar gewesen war, sondern »nur« gebetet hatte, schlug er nun die Augen auf, so weit er konnte. Er nannte mich beim Namen und zeigte große Freude. Ich betete mit ihm. – Das abschließende Vaterunser sprach er fast atemlos mit. Dann segnete ich ihn für seine letzte große

Fahrt. Als ob er nur noch *darauf* gewartet hätte, tat er nach dem Amen seinen letzten Atemzug. –

Hatte der Herr über Leben und Tod in einem Augenblick selbst dieses so widerstrebende Kind vorbereitet und ihm alles zugelegt, was nötig war? Anders kann ich mir dieses einzigartige Erlebnis nicht deuten. Nur eins habe ich zusammen mit jener Schwester in der chirurgischen Abteilung des großen Krankenhauses neu erfahren: Jesus hat bis zur Stunde eine unbegreifliche Macht gerade auch über die, die Ihm widerstreben. Er kann aus jedem Saulus einen Paulus machen, in allen Lebenslagen und in allen Lebensaltern.

FRIEDE

Wunder zwischen Binau und Mörtelstein

Gleich nach dem bösen Ende des zweiten Weltkriegs hatten wir in unserem Grötzinger Gemeindesaal eine badische Pfarrertagung. Unser ehemaliger Kirchenpräsident D. Wurth sagte: »Was der Teufel angerichtet hat, das haben wir alle voller Schrecken erlebt. – Nun sollte auch einmal festgestellt werden, was der Herr Jesus Christus in diesen zwölf verhängnisvollen Jahren gewirkt hat!« – Er schlug vor, eine Schar junger und älterer Pfarrer sollte durch ganz Baden vom Bodensee bis zum Main ziehen und das Netz mit der Botschaft des Evangeliums weit auswerfen. Wer dazu bereit sei, erhalte von der Kirchenleitung den dazu notwendigen Urlaub. –

Etwa 15 aus unserem Kreis erklärten sich bereit, der Anregung ihres Kirchenpräsidenten – nein, dem Ruf des Herrn Jesus – zu folgen. In unserer Mitte waren Landesbischof D. Julius Bender, unser heutiger Landesbischof Dr. Heidland und Dekan D. Friedrich Hauß.

Diese Evangelisationsreise und die Kunde von dem, was der Herr der Kirche in Krieg und Frieden in Grötzingen getan hatte, bewirkte, daß aus sieben badischen und anderen Gemeinden der Ruf zu mir kam: »Komm' herüber und hilf uns!« Die Kirchenleitung gab großherzig Sonderurlaub für diese vielen Rufe. Außerdem sandte man mir einen württembergischen Missionar, der die Gemeinde Grötzingen während meiner langen Abwesenheit versorgen sollte. –

Der erste Ruf kam aus der kleinen Doppelgemeinde Binau und Mörtelstein am Neckar.

Also zog ich im kalten Winter 1945/46 mit meinen Mitarbeitern los. Ein alter, wackeliger Lastwagen nahm uns mit. Zugverkehr gab es damals noch kaum. –

Als wir an die Arbeit gingen, ahnten wir nicht, was uns in Binau bevorstand. Allein die Erfahrung in diesen zwei kleinen Gemeinden am Neckar würden ausreichen, um ein Buch zu füllen. Thema: Die großen Taten Jesu heute. Nur eine kleine Auswahl möge zeigen, was Er kann. –

Beginnen wir mit dem Freitagabend jener Woche. Fünf Abende waren schon vorbei. Freitags sprach ich immer gern in irgendeiner Form über die Botschaft vom Kreuz. »Jesu Kreuz und unser Kreuz« . . . So hielt ich es also auch in Binau-Mörtelstein. Nach dem Vortrag gingen meine Mitarbeiter und ich ins Pfarrhaus, das von einquartierten Flüchtlingen überfüllt war. Sofort berichtete uns die Pfarrfrau von einem Erlebnis, das sie gegen Schluß des Abends in der Kirche gehabt habe. Sie habe plötzlich vor ihrem inneren Auge ein breites Band durch die Kirche wehen sehen, auf dem deutlich zu lesen war: »Der Teufel geht umher wie ein brüllender Löwe.« Natürlich waren wir alle sehr betroffen. Wem galt diese biblische Warnung: Uns allen oder nur mir und meiner Verkündigung? Die Pfarrfrau wußte selbst keinen Rat und keine Deutung. Belastet mit diesen Fragen verabschiedeten wir uns und suchten unsere Quartiere auf, weil im Pfarrhaus wegen der Flüchtlinge kein Raum für uns war.

Ich wohnte im Gasthaus. Mitten in der Nacht riß mich die Wirtsfrau aus meinem Schlaf: »Gleich aufstehen! – Sieben Mörtelsteiner Zuhörer von gestern abend sollen ertrunken sein!« Tatsache war, daß die Mörtelsteiner allabendlich in einem schwachen und gebrechlichen Kahn über den Neckar herüberkamen und dann auch bei dunkler Nacht wieder heimfuhren. Eine große Furcht überfiel mich. Zielte die Warnung vor dem Teufel darauf hin? Wollte der »altböse Feind« unsere schön angefangene Woche damit abwürgen? – Zuallererst riefen wir also *Den* an, dem allein alle Macht im Himmel und auf Erden gegeben ist. Und dann gingen wir der Sache genau nach.

Was war geschehen: Der alte Bootsmann hatte vor Beginn des Abendvortrags seinen Kahn schräg ans Land heraufgezogen. Als dann die Mörtelsteiner in dunkler Winternacht auf dem Heimweg von der Kirche das noch schräg liegende Boot bestiegen, war der Neckar inzwischen weiter angeschwollen und der Bootsrand – ohne daß es jemand bemerkte – nur noch wenige Zentimeter über dem Wasserspiegel. Als jetzt der Fährmann sein Boot *ins* Wasser schieben wollte, schoß es, von der Strömung fortgerissen, sogleich wie ein Pfeil *unter* Wasser. Im letzten Augenblick konnte der entsetzte Bootsmann noch die beiden ihm zunächst Sitzenden aus dem versinkenden Boot herausreißen und an Land ziehen. Die anderen fünf aber versanken vor seinen Augen in der Tiefe, so daß es in der stockdunklen Nacht keine Rettung zu geben schien.

Inzwischen war aber noch etwas anderes geschehen, was die ganze trostlose Lage von Grund auf veränderte: Ein vor kurzer Zeit erst aus dem Krieg Heimgekehrter – wie fast alle Heimkehrer noch in Uniform – war gerade an diesem Abend auf den Gedanken gekommen, auch einmal zum »Vortrag« in die Kirche zu gehen. Er wollte doch auch hören, was es da gab. Was er an jenem Abend geistlich mitgenommen hat, weiß ich nicht. In diesem Fall war vor allem wichtig, daß er da war. Denn als er nach Schluß der Veranstaltung noch mit einigen jungen Burschen draußen vor der Kirche herumstand, passierte ihm etwas, was er noch nie erlebt hatte. Plötzlich sagte eine Stimme in ihm: »Geh an den Neckar!« Natürlich versuchte er zunächst diese unsinnige Zumutung abzutun. Aber es nützte nichts. Der innere Anruf wurde nur noch um so stärker: »Geh sofort an den Neckar!« Er konnte machen, was er wollte, immer wieder hieß es: »Neckar – Neckar – Neckar!«

Schließlich sagte er zu seinen Freunden: »Ich gehe mal eben runter an den Neckar.« Seine Freunde wollten ihn zurückhalten: »Was willst Du denn da? Denkst Du an die Mörtelsteiner? Die sind doch längst drüben!« Aber wir wissen: sie irrten sehr. Denn die Mörtelsteiner waren nicht *drüben*, sondern – *drunten*, in den Fluten des Neckar. Doch schon sandte Gott selber ihnen den Retter. Denn da sich unser Heimkehrer nun einmal entschlossen hatte, der gebieterischen Stimme in seinem Innern zu folgen, ließ er sich von seinen Freunden auch nicht mehr zurückhalten. Und bald merkte er, warum die Stimme ihn so zwingend gerufen hatte. Denn, am Neckar angekommen, hörte er schon von weitem die Hilferufe der Ertrinkenden. Nun warf er sich ohne Zögern mit seiner Uniform in das eiskalte Winterwasser. Nur mühsam brachte er drei der verzweifelt mit den Fluten Ringenden in ihren schweren, voll Wasser gesogenen Kleidern an das Land, wo er von dem völlig verstörten Fährmann erfuhr, daß noch zwei Menschen im Wasser sein müßten.

Aber weit und breit war von ihnen weder etwas zu sehen, noch zu hören. Sollten sie etwa nach mehrfachem Auftauchen mit ihren Lungen voller Wasser schon »abgesoffen« sein, wie der Seemann sagt? Dann gab's nur noch eine Möglichkeit der Rettung: Tauchen und versuchen, sie vom Grund des Neckars wieder heraufzuholen. Nun gab es ein übermenschliches Ringen mit dem Tode – nicht nur für die beiden schon Ertrunkenen, sondern auch für den schon völlig erschöpften Retter. Aber Gott schenkte ihm die Kraft, mit letzter Anstrengung die beiden schon völlig Verschlammten herauf und herauszubringen. Alle, die es miterlebten, konnten es nur als ein Wunder Gottes bezeichnen, daß am Ende alle sieben Mörtelsteiner glücklich gerettet wurden und auch die letzten beiden nach langen Wiederbelebungsversuchen wieder atmen konnten. Christ, der Retter war da! –

Inzwischen war natürlich auch ganz Mörtelstein auf den Beinen. Sie schrien und riefen vom anderen Ufer, bis der verschreckte Fährmann die glücklich Geretteten und zu Tode Ermatteten hinüber zu ihren Angehörigen bringen konnte. Eine unbeschreibliche Szene! –

Dies Wunder zwischen Binau und Mörtelstein gehört mit zum Größten, was ich an wunderbarem Eingreifen Gottes erlebt habe! *Wie* Gott die Rettung dieser Sieben in die Wege geleitet hat: Zuerst durch die Warnung an die Pfarrfrau in der Kirche, dann durch die zwingende Beorderung des jungen Heimkehrers, und schließlich durch seine todverachtende Rettungstat! Ja, der Teufel hatte unserer geistlichen Woche, die ihm in Binau und Mörtelstein das Wasser abgraben wollte, durch eine schreckliche Katastrophe abwürgen wollen; aber Christus hatte sich wieder einmal als der Stärkere erwiesen! Weg hat er allerwegen, an Mitteln fehlt's ihm nicht! –

Aber was helfen Gottes größte Wunder, wenn der Mensch nicht darauf antwortet? Was nützte den neun von den zehn Aussätzigen im Evangelium ihre wunderbare Heilung, da sie das Danken vergaßen? Gottlob war es nach dieser Schreckens- und Rettungsnacht in Binau-Mörtelstein anders. Freilich ahnte ich davon noch nichts, als ich am kommenden Sonntagnachmittag – ziemlich erschöpft von den anstrengenden Tagen der zu Ende gehenden geistlichen Woche in der Binauer Kirche noch eine Bibelstunde zu halten hatte. Ich war in keiner Weise auf etwas Besonderes vorbereitet. Im Gegenteil – Hand aufs Herz! – ich traute dieser müden Stunde am frühen Sonntagnachmittag wirklich nichts Außerordentliches zu. Aber so ist es eben: Wenn wir mit unserer Kraft und unseren Erwartungen eigentlich am Ende sind, dann fängt unser Herr mit seinem Tun manchmal erst richtig an.

Während ich mich noch wunderte, daß der Altar der kleinen Dorfkirche schon für das Heilige Abendmahl, das wir im Schlußgottesdienst am Abend noch feiern wollten, gerichtet war, traten während des Schlußverses völlig überraschend sieben Menschen vor dem Altar. Auf meine erstaunte Frage, welches Anliegen sie hätten, sagte einer von ihnen: »Wir sind die sieben Mörtelsteiner, die Freitag nacht durch Gottes Güte so wunderbar gerettet worden sind. Da unsere Angehörigen uns abends nicht mehr über den Neckar lassen wollen, sind wir heute nachmittag gekommen und möchten Sie bitten, uns miteinander das Heilige Abendmahl zu reichen. Wir sind uns einig geworden, zum Dank für unsere Errettung von heute ab dem Herrn Jesus zu gehören!«

Ich muß gestehen, daß ich eine Weile brauchte, mich zu fassen. Jetzt das Heilige Abendmahl, wo doch nichts dazu vorbereitet war? Aber da kannte ich meine Männer schlecht. Sie hatten sich hinter den Küster gesteckt, und der hatte jetzt schon zur abendlichen Abendmahlsfeier alles vorbereitet. Auch Brot und Wein waren bereit. Da konnte ich mich nur meines Zauderns schämen und den Sieben – nun in doppelter Weise Geretteten – zu Willen sein. So reichte ich ihnen im Angesicht der bewegten Gemeinde das Heilige Mahl und segnete sie für das ihnen an Leib und Seele neu geschenkte Leben ein. –

Für ganz Binau und Mörtelstein wurde diese Woche mit ihrem wunderbaren Erleben zu einer tiefen Freude und einem nachhaltigen geistlichen Erwachen. So durfte ich in *einem* Haus gleich bei *drei* Familien Geburtshelfer zu neuem Leben sein. Noch Jahre nach dieser Woche wuchsen aus Binau und Mörtelstein dem Herrn Christus eine ganze Reihe junger Menschen als Helfer und Diener zu. Und weil sogar eine Wahrsagerin den Weg zu Christus fand und durch ihn von ihrem Aberglauben frei wurde, wurde ich später auch nach Mitteldeutschland zu der Wahrsagerin Hitlers geführt. Doch ist das eine eigene, so wunderbare Geschichte, daß ich davon besonders erzählen muß.

Hitlers Wahrsagerin

Wie im letzten Abschnitt erzählt, geschah während der geistlichen Woche in Binau-Mörtelstein viel Wunderbares. Auch manch hart Gebundene wurden frei. Trotzdem klagte mir der Ortspfarrer eines Abends: »Lieber Freund, in dieser Gemeinde gehen fast alle Menschen zur Kirche; aber der Jammer ist: fast alle gehen eben so selbstverständlich zur Wahrsagerin. Wenn *die* nicht in diesen Tagen gewonnen wird und ihr Unwesen aufgibt, ist letztlich alles, was wir hier tun, umsonst.«

Darauf begab sich folgendes: An dem Abend, als ich – wie angekündigt – über Wahrsagerei, Zauberei und Aberglauben zu sprechen hatte, wurde mir in der Sakristei zugeflüstert: Sie ist da! Also war sie, die Wahrsagerin, wirklich gekommen. Wahrscheinlich bloß, um einmal zu hören, was ich gegen ihr dunkles Gewerbe zu sagen hätte, und um sich aus meinem Vortrag Gegenargumente für ihre vielleicht ans Zweifeln geratenen Kunden zu holen. Wie aber auch immer: Sie war da! Ich aber kniete nieder und bat den Herrn um Weisheit, Vollmacht und Durchschlagskraft. Als biblischen Text hatte ich Gottes prophetisches Wort gegen die Wahrsager und Zauberer aus dem 18. Kapitel des fünften Mosebuches und die Erzählung von der geschäftstüchtigen Wahrsagerin aus dem 16. Kapitel der Apostelgeschichte genommen. –

An diesem Abend geschah dann nach außen hin weiter nichts. Wenige Tage später aber bat die Kartenlegerin eine junge Frau – eine regelmäßige Kirchgängerin – um eine Aussprache. Das führte dazu, daß es zu einer persönlichen Begegnung mit mir und weiterhin – nach hartem Ringen – auch mit dem Herrn Jesus kam. Davon will ich hier weiter nichts berichten. Nur soviel, daß nach und nach die dämonischen Mächte von der Wahrsagerin wichen. Schließlich bekam sie völlige Vergebung, Frieden, Freude und ein neues Leben.

Als Dank dafür übergab sie mir ihre Karten, mit denen sie soviel geistliches Unheil angerichtet hatte. Nie vergesse ich den Satz, mit dem sie alles, was gewesen war, mit dem Wort zusammenfaßte: »Zuerst war es Interesse, dann wurde es Geschäft, und zuletzt war es Schwindel.« –

Dies alles war aber sozusagen nur der Auftakt zu dem, was jetzt kam:

Wenige Wochen später wurde ich um einen volksmissionarischen Einsatz in einer mitteldeutschen Stadt gebeten. Als ich dort eintraf, fragte mich der Ortspfarrer, einer meiner Studienfreunde: »Weißt Du, warum wir Dich eigentlich hierher gerufen haben?« – Als ich verneinte, fuhr er fort: »Hier wohnt nämlich Hitlers Wahrsagerin! Wir haben erfahren, daß in Deiner Seelsorge eine Kartenlegerin zum Glauben gekommen ist. Bitte hilf uns, daß wir hier dasselbe erleben dürfen.« Ich wies ihn sofort auf die große Gefahr dieses Unterfangens hin; denn nicht umsonst habe der in diesen Dingen erfahrene Apostel Paulus gesagt: »Wir haben nicht mit Fleisch und Blut zu kämpfen! – sondern gegen die Übermächte und Gewalten, gegen die Herrscher der Finsternis und die geistigen Mächte, die in dieser Welt – unsichtbar für menschliche Augen – herrschen« (hier zitiert nach den Übertragungen von Bruns und Zink). Darum müßten wir auch diese Sache hier ganz unter Gottes Führung und Weisung stellen und nichts, aber auch gar nichts, ohne ihn wagen.

So rang ich mit meinen Mitarbeitern in der Stille um Klarheit. Dabei erhielten wir immer wieder die innere Weisung zur Vorsicht. Uns allen wurde klar: sorgsam und langsam vorgehen – nur Schritt für Schritt. Wir standen einer finsteren Großmacht von ungeahntem Ausmaß gegenüber.

Zunächst mußte ich mich dies Vorhaben viel Zeit *und* Geld kosten lassen: ich sandte Telegramme und Eilbriefe an Menschen, von denen ich wußte, daß sie um solche Dinge beten können; auch telefonisch gingen SOS-Rufe in die Nähe und Ferne.

Hier fühlte ich mich so ohnmächtig, daß ich außer der Hilfe Jesu auch die meiner Freunde suchte. – Diesmal war ich besonders dankbar, daß mir ein treuer Mitarbeiterkreis zur Hilfe geschenkt war. Aber zwei Nächte hindurch kämpfte ich allein um die besondere Nähe Jesu; ich wollte nichts ohne oder gar gegen Ihn wagen. –

Dann endlich ließ ich mich vom Ortspfarrer zu *der* Wahrsagerin führen. Sie war in der Tat oft von Hitler zu Rate gezogen worden, so daß ihr dunkles Wirken weltweite und größte Ausmaße gewonnen hatte. Ganze Völker und Länder waren durch ihr Mittun in Elend und Schrecken geführt worden. Auch jetzt nach dem Zusammenbruch des »dritten Reiches« hielten schon wieder ganze Autokolonnen vor ihrem Haus, und viel einflußreiche Leute suchten ihren Rat. Dies geheime Treiben wurde auch vielen Christen zur Anfechtung. So sagte mir einer von ihnen, der in derselben Straße wohnte: »Ich glaube erst dann an die innere Kraft Ihrer Arbeit, wenn die vielen fremden Autos aus unserer Straße verschwinden!« Also: Es stand viel auf dem Spiel! –

Mein erster Besuch bei der berüchtigten Frau verlief dann völlig anders, als ich gedacht hatte. Zunächst befanden wir uns einer Dame gegenüber, die einen sehr »seriösen«, ja, ich möchte fast sagen, weisen Eindruck auf mich machte. Als sie von mir gehört hatte, daß ich sie sprechen möchte, sagte sie sofort und unvermittelt: »Darf ich Sie um Ihre Hand bitten?« Nun, in solchen Lagen, wo es todernst wird, ist es mitunter gut und hilfreich, nicht so todernst zu reagieren ... Ich antwortete daher, als hätte ich sie mißverstanden, zunächst mit einem Scherz: »Meine Hand kann ich *Ihnen* leider nicht mehr geben; sie gehört bereits meiner Frau!« Verblüfft schaute die Dame mich an. Nachdem ich das Mißverständnis kurz geklärt hatte, drehte ich kühn den Spieß um und fragte sie meinerseits – fast ein wenig keck: »Darf ich Ihnen, gnädige Frau, ohne jede Hand sagen, was ich über Ihre Zukunft weiß?« Sie war sichtlich beeindruckt, und ich nehme wohl mit Recht an, daß ihr das noch nie jemand gesagt hatte. Ich weiß bis heute noch nicht, *wie* ich auf einmal die Vollmacht zu dieser reichlich herausfordernden Frage fand. Nach 3. Mose 20, 27 und Apostelgeschichte 16, 16–18 stellte ich sie vor die Entscheidung entweder sterben, oder gerettet werden. – Es zog aber zwei entscheidende Folgen nach sich. Erstens: Die weise Frau schloß vorübergehend ihre Praxis, und die vielen Autos verschwanden wirklich sofort aus der Straße . . . So hatte der kritische Nachbar erreicht, was er wollte . . .

Zweitens: Die Wahrsagerin besuchte auf meine Einladung hin fast alle unsere Veranstaltungen, auch die nachmittäglichen Anleitungen zu eigenem Bibellesen. Daß sie dazu erschien, übte eine erstaunliche Wirkung aus: Selten waren diese Nachmittagsstunden so gut besucht und der weite Saal so gedrängt voll, wie gerade in dieser Stadt. Mit den Abendveranstaltungen war es ebenso. Sicherlich hatten wir diese Menschenscharen – zumindest am Nachmittag – vor allem ihrer Anwesenheit zu verdanken. Es sprach sich wohl in der ganzen Gegend herum: Hitlers Wahrsagerin ist auch immer da.

Natürlich bedeutete das für meine Mitarbeiter und mich eine besondere Verantwortung. Hier mußte ja nun wirklich etwas passieren, zumal unsere Besucherin sich mit Frage und Antwort rege an der Bibelarbeit beteiligte. Abends saß sie wohl absichtlich in den vordersten Reihen des großen Versammlungssaals. Mitunter mußte ich sie öffentlich oder hinterher um mehr Zurückhaltung bitten. Das geschah aus Rücksicht auf die übrigen Teilnehmer, die in Gefahr waren, verwirrt zu werden. Geistlich hatten jene Nachmittage und Abende mit die größte und gefährlichste Spannweite meines Lebens. So etwas von geladener Atmosphäre habe ich nie wieder erlebt – vielleicht mit Ausnahme der politischen Hochspannung in Grötzingen und Mannheim-Friedrichsfeld. Aber das tut uns Sprechern nur gut.

Wir sind herausgefordert, eine wirklich hilfreiche Botschaft weiterzugeben und nicht nur Worte zu machen. –

Leider muß ich zum Schluß noch einige schwere Versäumnisse meinerseits bekennen, die bei der schwer im geistlichen Ringen stehenden Frau wohl viel Schaden angerichtet, womöglich den ganzen Erfolg dieser Woche vereitelt haben. Und zwar hing das damit zusammen, daß unsere »weise Frau«, gewohnt zu dominieren, in den Nachmittagsveranstaltungen *zu* sehr das Wort an sich riß, so daß ich es ihr einmal sogar entziehen mußte. Hätte ich sie doch daraufhin besucht und unter vier Augen ihre Anliegen mit ihr persönlich durchgesprochen. Heute bereue ich diese Unterlassung tief.

Das Zweite war noch schlimmer: Zum Schluß unserer Woche hatten wir wie immer einen Abendmahlsgottesdienst angesetzt. Die meisten Gottesdienstbesucher kamen zum Empfang des Heiligen Mahles nach vorn zum Altar. Zu meinem Schrekken erblickte ich unter ihnen auch diese Frau. Mit Rücksicht auf sie und die ganze Gemeinde aber durfte ich sie aus seelsorgerlichen Gründen keinesfalls zum Sakrament zulassen. Ohne besondere Beichte und Absolution hätte das ein öffentliches Ärgernis gegeben. So mußte ich wohl oder übel die Feier kurz unterbrechen und sie bitten, vom Altar zurückzutreten. Hierüber Genaueres im zweiten Teilband.

Ich werde es mir nie verzeihen können, daß ich diese notwendige Maßnahme nicht sofort nach Schluß des Gottesdienstes durch ein seelsorgerliches Gespräch begründet und ergänzt habe. Vielleicht wäre es dann bei ihr zu einer wirklichen Lebenswende und zu einem späteren gesegneten Abendmahlsempfang gekommen. So aber ließ ich sie mit ihrer Enttäuschung, ja vielleicht Entrüstung über diese peinliche Zurückstellung allein. Gewiß – ich war anderweitig fast pausenlos – oft bis in die Nacht hinein – mit seelsorgerlichen Aussprachen belegt. Aber dies Gespräch hätte unbedingt den Vorrang vor allen haben müssen. –

So ging dieser vielleicht entscheidendste Großkampf meines Lebens ganz anders aus, als wir alle es uns gedacht, gewünscht und auch erbeten hatten. Wohl machte ich der »weisen Frau« vor meiner Abreise noch einen Abschiedsbesuch. Dieser schien zunächst auch eine erfolgreiche Nacharbeit unter vier Augen nicht auszuschließen. Auch blieb ihre »Praxis« fürs erste noch weiterhin geschlossen, einige Wochen oder auch Monate – ich weiß es nicht mehr. Aber dann machte sie – vielleicht von der »anderen« Seite her stark bedrängt – doch ihren »Laden« wieder auf. Vielleicht – ich möchte sogar meinen: sicher! – war es auch jene übermenschliche Macht, die Goethe auf Grund eigenster Erfahrung schlicht und einfach den Teufel nennt. Die große Sternstunde war vorüber – ich hatte versagt! –

Nur ahnen kann man, wie nahe wir einem anderen und besseren Ausgang waren. Denn als einer meiner Sendboten die Dame kurz vor der Wiedereröffnung ihrer Praxis fragte, ob ich sie noch einmal besuchen könnte, sagte sie mit größter Entschiedenheit: »Nein, dieser Pfarrer darf mir nie mehr ins Haus kommen. Er ist der gefährlichste Mensch, der mir je begegnet ist.«

Natürlich nehme ich diesen Ehrentitel nicht für mich in Anspruch, gebührt er doch einzig und allein dem, der zweifellos nur millimeterweise vor der Machtübernahme dieses Lebens gestanden hatte. Aber die finstere Macht und mein Versagen hatten diesen Sieg vereitelt! Luther hat ganz gewiß recht, wenn er sagt: »Groß Macht und viel List sein grausam Rüstung ist. Auf Erd ist nicht seinsgleichen!« Das haben wir hier alle miteinander erlebt. Aber auch das andere, daß Jesu Macht viel größer ist, wenn wir mit der bösen Macht brechen. Nur dürfen wir nicht locker lassen und immer das Wichtigste zuerst tun. Wie sagt doch der große Gottesmann Aloys Henhöfer?: »Wer einen Hirsch erlegen will, darf nicht auf Hasen schießen!« Genau das aber hatte ich in der Stadt von Hitlers Wahrsagerin getan. –

Messerscharf und zuckersüß

Ende der vierziger Jahre wurden meine Freunde und ich zu einer unserer »seelsorgerlichen Vortragswochen« nach Solingen gerufen. Diese liebliche Stadt feierte 1974 ihr 600jähriges Bestehen. Bei dieser Gelegenheit zeichnete man ihr Wesen in doppelter Weise: *Messerscharf* sei sie, weil sie in aller Welt durch ihre Messer, Scheren, Rasiergeräte und medizinische Instrumente bekannt ist – *zuckersüß* nennt man Solingen erst seit zwei Jahrzehnten, weil dort die süßeste Schule der Welt besteht, eine Fachschule für Süßwaren aller Art. Schüler aus allen Himmelsrichtungen kommen nach Solingen, um dort die hohe Kunst zu lernen, wie man Menschen mit Süßigkeiten erfreuen kann . . .

Solingen hat im letzten Krieg viele Großangriffe erlebt. Gerade darum haben die für das geistliche Leben der Stadt Verantwortlichen nun auch einen Großangriff auf den inneren Menschen ersehnt und vorbereitet. –

Zum politischen Neuaufbau sollte auch ein geistlicher Neuanfang besonderer Art versucht werden. Da genügte nicht nur eine messerscharfe Theologie, sondern es ging vor allem um das »Wie« der Verwirklichung. So beteten viele: »Herr erwecke unsere Stadt Solingen – und fange bei uns selber an!« Andere Beter aus Gesamtdeutschland kamen hinzu. Wir aber mühten uns, diesen Großangriff gründlich vorzubereiten und richtige Mitarbeiter dafür zu gewinnen.

Man kam wohl deshalb auf uns zu, weil bekannt geworden war, daß wir ähnliche Unternehmen in Hannover, Bremen, Lübeck, Nürnberg und Stuttgart gewagt hatten. Frau Anny Hahn, Witwe des baltischen Märtyrers Traugott Hahn, und andere bekannte Frauen – darunter auch Frau Hilda Heinemann – und bekannte Männer aus verschiedenen Berufen – auch drei Generale und mehrere Arbeiter waren dabei – sprangen mit in die

Bresche ... In Hannover haben wir den ersten zaghaften Versuch mit unserer Mannschaftsarbeit gemacht. Da möglichst viele Berufsgruppen erreicht und bewegt werden sollten und wir uns auch nicht mehr mit der dünnen Schicht der üblichen Gottesdienstbesucher begnügen wollten, hatten wir grundsätzlich mit der Ein-Mann-Arbeit gebrochen. Auch die damals gerade modern gewordene Team-Arbeit genügte uns nicht. Wenn es irgend möglich und einzurichten war, wollten wir in jede Gemeinde mit einem Kreis von Experten kommen. So fingen wir in Hannover an und konnten nur staunen über die Folgen, die diese Art der Arbeit gerade außerhalb des kirchlichen Raumes hervorrief – angefangen von der Unterwelt bis in die politische Führungsschicht. Arno Ehrhardt und mir mißfiel es, nur Leute zu sehen, die – wie bei solchen Großveranstaltungen üblich – aus der ganzen Stadt zusammengekommen waren. Außenstehende und kritische Menschen waren kaum anwesend. Wir beschlossen also, uns in der Botschaft und in der Gestaltung der Abende so umzustellen – geradezu um 180 Grad! – daß ganz andere Zuhörer erreicht würden. Nach zwei bis drei Malen war es gelungen. Das sahen wir allein schon an den Farben. An den ersten beiden Abenden beherrschte schwarz den Kirchenraum. Vom dritten Abend an kamen immer lichtere Farben in die schöne, alte Kirche. In anschließenden Aussprachen zeigte es sich, daß wir uns nicht irrten.

Das hatten wir vor allem der Zusammensetzung unseres Expertenkreises zu verdanken. Was soll das heißen? – Immer war, wenn irgend möglich, beruflich und altersmäßig ein guter Querschnitt vorhanden und einsatzbereit. Da gab es unter unseren Mitarbeitern also Arbeiter *und* Bauern, Alte und Junge, Ehepaare und Verwitwete, Handarbeiter und Geistesarbeiter, Ärzte und Rechtsanwälte, Moderne und Altbackene, Kritische und Anspruchslose. Wenn wir dann im Festsaal oder im Chor der Kirche im Halbkreis vor dem versammelten Forum saßen und berichteten, dann stellte unser Kreis schon in seiner Zusammensetzung das dar, *was* wir als unser eigentliches Ziel vor Augen und im Herzen hatten. Die Zusammensetzung unseres Teams sei – so wurde uns gesagt – meist derartig einladend und zur Nachfolge reizend, daß es gar nicht so wichtig sei, was wir sagten. Entscheidend sei das *Wie*. Und das zeigte sich auch im Anschluß an die großen öffentlichen Abende ohne lange Anmarschwege als hilfreich und umwandelnd. Wir erlebten – wie im Neuen Testament – daß vieles sofort, alsobald, im Augenblick geschah.

Nach jenen bewegten Tagen in Hannover-Linden, da Jesus neu nach Menschen aller Art griff – von alten und jungen Pfarrers-Ehepaaren angefangen, über ehrbare Bürger und Dirnen zu Leuten aus allen möglichen Ständen, Parteien und Berufen bis hin zu den Ärmsten in den feuchten Bunkern – sammelten sich besonders auch auf Tagungen und Freizeiten Männer, Frauen und Jugendliche, die weiterarbeiten wollten. Als bleibendes Ergebnis für Deutschland steht heute der »Marburger Kreis« am Werk; er leistet gesegnete Arbeit. Wenn es ihn nicht gäbe, müßte er geschaffen werden. Seine geistliche Wiege steht in Hannover-Linden.* –

Aber kehren wir zurück zum Großangriff auf *Solingen*. – Als wir dort eintrafen, berichteten die Hauptverantwortlichen voller Stolz und Freude, daß statt der gemeldeten sieben Gemeinden nunmehr vierzehn für unseren allabendlichen Dienst bereitstünden.

So erfreulich diese Ausweitung und Verdoppelung der Veranstaltungen an sich auch war –, so erschraken wir doch sehr. Wie sollten wir das schaffen? Dafür reichte eigentlich die körperliche und geistliche Kraft unseres Teams nicht aus! So kam es für uns zu einer schier übermenschlichen Anstrengung und

---

* Nähere Auskunft über die Arbeit und die Tagungen des Marburger Kreises erteilt sein Büro: 3 Hannover 73, Stadtteil Anderten, Postfach 43.

leider auch unvermeidbaren Zersplitterung, die trotz oder gerade wegen der großen Besucherzahlen (ehemalige Nazis und Kommunisten, Chefsekretärinnen und Ehefrauen, Männer von Format und Menschen aus dem Untergrund mit schlechtem Geruch) nach unserem Eindruck zu unserem Versagen führte. Jedenfalls konnten wir keine besonderen Erfolge melden. Meines Erachtens freilich schadet so etwas auch gar nichts. Jesus ist nicht der Sieger, weil seine Jünger erfolgreiche Leute sind. Der bekannte Gottesmann Kohlbrügge sagt einmal: »Die Siege Jesu ereignen sich quer durch die Niederlagen seiner Boten.« Das kann man von Petrus und Paulus, über Augustinus und Luther bis in unsere Tage hinein erkennen.

Und dennoch schenkte Jesus einige bemerkenswerte Folgen:

1. Viele höhere Schulen gaben uns an jedem unserer zehn Solinger Tage für ihre Schüler je eine Stunde. Das war eine große Chance. Zum Abschluß unserer Woche war eine der Solinger Kirchen angefüllt mit Primanern, Mädchen und Jungen. Allein zur Nachversammlung und Aussprache blieben am letzten Tag über 100 Schüler der obersten Klasse zurück. Das hatten wir nur einmal ähnlich in Pirmasens erlebt.

2. *Seelsorgerliche Vortragswochen* nannten wir unsere Veranstaltungen. Das sollte heißen: es geht uns weniger um gescheite Vorträge als um erneuerte Menschen, denen in ihren Nöten geholfen werden soll. In einer dieser 14 Solinger Gemeinden geschah das in besonders eindrücklicher Weise: Da war ein Pfarrer der bekennenden Kirche mit seiner ganzen Gemeinde total zerfallen. Er hatte durch eine scharfe Kirchenzucht – sie war messerscharf! – sowohl seinen engsten Mitarbeiterkreis wie auch die Fernerstehenden unheimlich vor den Kopf gestoßen. Pfarrer und Kirchmeister hatten einander sogar geschlagen. Mein engster Mitarbeiter, Walter Trobisch, und ich ließen sofort, als wir von diesen Dingen erfuhren, alle Veranstaltungen

ausfallen. In der dadurch freigewordenen Zeit besuchten wir beide und unser Team 20 bis 30 der wichtigsten Familien. Einer um den anderen wurde infolge dieser Besuche innerlich umgestellt und für eine friedliche Lösung gewonnen. Auch das war nicht zuckersüß, sondern bitter, und kostete uns Tage und Nächte voll schwerer Mühe. Beter aus ganz Deutschland und darüber hinaus standen hinter uns. *Aber* die Schlacht war nicht vergebens. Nach einigen Tagen konnten wir in jener Gemeinde einen Friedensgottesdienst halten. Dazu erschien, wer nur immer konnte. Von da an war das Eis gebrochen. Schon bald war ein neuer Anfang möglich. Was der Kirchenleitung nicht gelungen war, das hatte Jesus uns armen und schwachen Leuten geschenkt; aber nicht im Traum! Es kostete Herzblut. – Wie ich höre, hält dieser Segen bis heute an.

3. Weil ich aus der Bibel weiß, daß unser Glaube nicht nur die Einzelseele, sondern weit darüber hinaus auch meine Gemeinde, meine Berufsgenossen, meine politischen Freunde und Gegner angeht, darum war allemal die Freude groß, wenn unsere Arbeit auch politische Auswirkungen hatte. Bei einer Pressekonferenz gleich zu Beginn luden wir *alle* Parteien ein. Und sie sandten auch alle ihre Vertreter. Diese Einladung fand in der Tagespresse ein gutes Echo. Da in unserem Team auch ehemals überzeugte Kommunisten vertreten waren, kamen auch die Solinger Kommunisten in nicht geringer Zahl und beteiligten sich positiv an unseren abendlichen Aussprachen. Weil sie auf ideologische Schulung hungrig waren, lud ich sie nach Caux am Genfer See * ein.

Die erste Folge dieser Arbeit in Solingen und Düsseldorf war, daß Max Reimanns Stellvertreter nach Caux reiste. Er wollte

---

* Nähere Auskunft über Caux und die Arbeit der MRA (Moralische Aufrüstung):
in der Schweiz: Caux-Informationen, *CH 6002 Luzern,* Postfach 218,
in Deutschland: Horst-Klaus und Irmela Hofmann – OJC (Offensive Junger Christen), *614 Bensheim,* Postfach 83.

diese verhaßte und gefürchtete Bewegung studieren, um sie erfolgreicher bekämpfen zu können. Aber dieser Reimann-Stellvertreter wurde gewonnen. Er bekannte sich von Caux aus als Christ. Diesem Glauben blieb er bis zu seinem Tode vor einigen Jahren treu. Darum wurden andere kommunistische Parteigenossen an den Genfer See entsandt, um den Reimann-Stellvertreter zu kurieren und heimzuholen. Das mißlang gründlich. Statt andere zu gewinnen, wurden sie selbst gewonnen. Ihnen imponierte der schlichte Satz von Dr. Frank Buchmann: »Wenn ich mich ändere, dann ändert sich auch der andere!«

So kam es, daß während unserer Woche und bald danach Solinger Zeitungen berichteten, daß ein breiter Einbruch in die alte kommunistische Front in Solingen und Umgebung geschehen sei. Und das wurde unserer armen und unansehnlichen Vortragswoche zur Last gelegt. Wenn ich mich recht erinnere, sprachen die Zeitungsberichte von 40 und mehr einflußreichen und wichtigen Männern der KPD, die diesen neuen und guten Weg gefunden hatten und nun auch mutig gingen. Der Solinger Abschlußabend mußte in zwei großen Sälen parallel stattfinden. Beide Säle wurden wegen Überfüllung polizeilich gesperrt. Ich selbst kam in den zweiten Saal nur hinein, weil ich die gestrengen Polizisten eindringlich bat, mich als Redner doch wenigstens noch einzulassen. In beiden Sälen gehörte der stärkste Beifall und das Herz der Massen unserem Philipp, der früher überzeugter Kommunist gewesen war. *Er* hatte *die* Botschaft für die radikale Arbeiterschaft.

4. Damit das innere Gleichgewicht gewahrt bleibt, muß ich auch von einem Großunternehmer berichten, der im Verlauf unserer Solinger Woche neu und ganz gewonnen wurde. Das kam so: Eine kleine Landgemeinde war nicht bei den vierzehn besuchten Gemeinden. Der mir befreundete Dorfpfarrer bat aber auch noch um einige Tage für sein Dorf. Als er mir von jenem einflußreichen Wirtschaftler berichtete, war mir klar: für

ihn haben wir in unserem ganzen Team keinen richtigen Mann. Darum telefonierten wir nach Essen und baten den dortigen Oberbürgermeister Dr. Heinemann: Kommen Sie herüber und helfen Sie uns. Er war bereit, mit seiner Frau Hilda zu kommen. Hier muß ich einfügen: Aus dem Neuen Testament (Joh. 4) und von Mathilde Wrede, dem nordischen Engel der Gefangenen, habe ich gelernt, daß man wichtige Menschen nur gewinnen kann, wenn man sie um etwas bittet. Vielleicht darf und muß das sogar recht viel sein. Geben kann man solchen Leuten zunächst nichts oder wenig. Sie haben ja alles. Aber bitten kann man sie! So machte ich dem zurückhaltenden Freund Mut, diesen großen und doch so einsamen Unternehmer um *viel* zu bitten. Dann rief ich ihn selber an und berichtete ihm von unserem Wochenende, das er sicher nicht besucht hätte. Aber ich sagte ihm, wie nötig wir seine Hilfe brauchten: Zu einem Quartier für unsere Gäste aus Essen. Noch heute höre ich in meinem Ohr, wie gern er bereit war, sie in seinem vornehmen Gästehaus standesgemäß aufzunehmen. Selbstverständlich würde er sie auch mit seinem Wagen zu den Abendvorträgen bringen und wieder mit heimnehmen.

Der Essener Oberbürgermeister sagte an jenem Abend in unserer Veranstaltung einen kleinen Satz, der dem Unternehmer und durch die Veröffentlichung der anwesenden Presse auch vielen in Deutschland zu einer großen Glaubenshilfe geworden ist. Er sagte: »Ich muß zur Zeit viel in der Welt herumreisen. Da werde ich oft gefragt, *was* kommt? Darauf kann ich nur immer wieder antworten: »ich weiß nicht, *was* kommt, aber ich weiß sehr wohl, *wer* kommt.« Das schlug bei seinem Gastgeber die innere Sicherung heraus. Er besuchte fortan jeden Abend unsere Vorträge und stellte sein weiteres Leben in einer Aussprache Jesus zur Verfügung. Von der Stunde an wurde er ein treues Glied jener kleinen Gemeinde am Rhein. Er hielt auch weiterhin persönlichen Kontakt mit uns. Als er wenige Jahre später aus beruflichen Gründen dieses kleine Dorf, das seine geistliche Heimat geworden war, verlassen mußte, war seine wichtigste Frage an uns: »Wie und wo kann ich möglichst bald wieder eine solche geistliche Heimat für mich und meine Familie finden?« –

So war Solingen auch für uns »messerscharf und zuckersüß« geworden.

Geros Feindesliebe

In Bergzabern hatten wir eine seelsorgerliche Vortragswoche als Angriff auf den ganzen Kirchenbezirk. Jeden Vormittag bereiteten wir uns gemeinsam auf die Nachmittags- und Abendveranstaltungen vor. Nach der Vorbereitungsarbeit zogen wir fröhlich hinaus in den heiligen Krieg. Auch der damalige Oberkirchenrat D. Schaller war dabei. Als Kenner der pfälzischen Kirchengeschichte bezeugte er uns, daß solch ein Versuch geistlichen Angriffs auf einen ganzen Kirchenbezirk etwas Einmaliges, zum mindesten Erstmaliges sei. Wir haben dann später noch mehrere solcher Generalangriffe unternommen. Aber Bergzabern hatte und behält den Reiz des Erstmaligen.

Zweifach und ganz verschieden hat sich Jesus, der Herr, dort bezeugt und verherrlicht:

Er ließ einen von uns »unter die Räuber« fallen und lehrte ihn dann, sie liebend zu überwinden. Und das ging so zu: An einem der Abende hatte Gero Kinzel aus Leverkusen den Dienst in Bergzabern. Ich war, um in allen Gemeinden herumzukommen, in Kapellen-Drusweiler eingesetzt. Gero war eher als ich fertig, weil ich durch Aussprachen in Kapellen festgehalten wurde. Darum wollte er mir entgegengehen. Damals – so kurz nach dem totalen Zusammenbruch Deutschlands – gab es noch keine

Straßenbeleuchtung. »Finsternis beherrschte das Erdreich und Dunkel die Völker.« Es war also auch für Männer nicht ganz ungefährlich, bei Nacht unterwegs zu sein. Aber Gero wagte es. In Bergzabern waren blutjunge französische Soldaten der Besatzungsmacht neu aufgezogen. Sie hatten feuchtfröhlich ihren Einstand gefeiert... Der einsame Mann mit der Brille inmitten der dunklen Nacht reizte sie. So überfielen sie ihn ohne jeden Anlaß, schlugen ihn blutig und beschädigten seine Brille schwer. Wie ein Blinder tastete er sich blutüberströmt heim ins Dekanat. Dort wurde er gesäubert und verbunden. Arm in Arm machten sich die Dekansleute mit ihm auf die Suche nach der zertrümmerten und liegengebliebenen Brille. Sie wurde gefunden. Und prompt wurde unser lieber Gero aufs neue dienstverpflichtet. Der Dekan, der sich eigentlich bei mir zur seelsorgerlichen Aussprache angemeldet hatte, konnte nicht mehr so lange bis zu meiner Rückkehr warten. Darum mußte Gero zum Beichtgespräch »herhalten«. So durfte er dem ehedem so gestrengen und jähzornigen Dekan zu einem neuen Leben behilflich sein; einem Leben, das nicht nur über Tod und Teufel, sondern auch über Strenge und Härte siegt. Spät abends traf ich also eine zerschlagene (Gero!) und dennoch überaus fröhliche Schar im Dekanat an.

Einige Tage später wurde Gero Kinzel zur Tagung des Kriegsgerichtes vorgeladen, vor dem sich die zwei jungen Hauptmissetäter zu verantworten hatten. Gero sprach und verstand erfreulicherweise gut Französisch. Daher konnte er der Beweisaufnahme, der Verhandlung und dem beantragten Urteil gut folgen. Dann erhielt er das Wort. Sinngemäß sagte er folgendes zu dem Gericht, das aus lauter hohen, französischen Offizieren bestand: »Meine Herren! Ich danke Ihnen herzlich, daß Sie die Missetat dieser beiden jungen Soldaten ahnden wollen und so scharf und gerecht mit ihnen verfahren. Aber vergessen Sie bitte nicht, daß ich zusammen mit meinen Freunden hier einen hohen Auftrag ganz anderer Art habe: ich bin hierhergekommen mit einem Team von Männern, Frauen und Jugendlichen aus verschiedenen Berufen, um in Bergzabern und Umgebung *den* Frieden zu verkündigen, den Jesus Christus geschaffen hat, und den Er durch uns schaffen will. Es würde dem Sinn unserer geistlichen Vortragswoche entschieden widersprechen, wenn wir vom Frieden reden würden *und* auf der anderen Seite diese jungen Menschen, die vom Alkohol verführt waren, so streng bestrafen ließen. Bei allem Dank für Ihre Gerechtigkeit stelle ich daher den Antrag, das hohe Kriegsgericht wolle die angedrohte Strafe erlassen. Lediglich den Brillenschaden mögen die beiden Jungen ersetzen.« –

In diesem Augenblick »spritzten« die hohen Offiziere in die Höhe – salutierten voller Respekt und sprachen die beiden Angeklagten auf Geros Bitte hin frei. So hatte die Botschaft unserer Woche ihren Weg bis hinein in die französische Besatzung *und* in den Kreis der Kriegsgerichte gefunden. *Dafür* hatte unser lieber Gero gelitten. Er aber ging – wie einst die Apostel – mit Freuden weg vom Hohen Rat ... und Jesus allein hatte die Ehre! –

LEBENSHILFE

Unterwelt im Diakonissenhaus

In Mainz hatte ich vor einem Kreis von Studenten und Studentinnen einen Vortrag über das Thema: »Unser missionarischer Einsatz heute« gehalten. Darin hatte ich nur so am Rande bemerkt, daß wir doch den Mut haben sollten, mit der frohen Botschaft von Christus wie die Heilsarmee auf die Straßen und Plätze zu gehen. In der Aussprache nachher packte mich ein Zuhörer beim Wort. Er sagte: »Was hindert uns, das, was Sie eben gesagt haben, noch heute abend in die Tat umzusetzen?« Das geschah mir recht. Studenten können herrlich radikal sein, und das heißt bekanntlich, die Sache bei der Wurzel anpacken. Das ist nicht erst heute so und ist zum Glück nicht nur bei Linksradikalen zu finden.

Was sollte ich nun tun? Die Jungen meinten: »Wir gehen einfach auf den Bahnhofsvorplatz. Dort probieren wir aus, ob die Botschaft von Christus wirklich für alle Menschen, in allen Lebenslagen und an allen Orten etwas ist.« So hatte ich das selbst noch nie versucht. Wohl hatte ich vor vielen Jahren einmal im Salzkammergut mit meiner Frau zusammen der Heilsarmee bei einem ihrer Einsätze geholfen. Aber das war incognito, weit weg von allen, die mich kannten. Auch als Studenten hatten wir wohl Ähnliches gewagt. Aber nun heute: Wie sollten wir es anfangen, und was sollte ich sagen?

Doch, wie die Jugend eben ist: Noch ehe wir lange beraten hatten und uns schlüssig geworden waren, war ein Teil von ihnen schon losmarschiert, den andern und mir als Nachhut weit voraus, wohl um die Atmosphäre auszukundschaften, die uns am Mainzer Hauptbahnhof so gegen 21 Uhr erwartete. Das einzige, was wir wirklich parat hatten, war eine genügende

Anzahl von Liedern, die wir singen konnten. Das war aber auch alles.

Als die Vorhut uns am Bahnhof empfing, waren alle wesentlich kleinlauter als vorher im Studentenheim. Mein Mut reichte zunächst gerade so weit, daß ich auf den dort diensttuenden Polizeibeamten zuging und ihn fragte, ob er uns wohl erlauben würde, hier zu singen und ein paar Worte der Verkündigung zu sagen. Nach einigen kritischen Blicken auf uns etwas unsichere Kantonisten erlaubte er es. Dann gingen wir daran, einen passenden Standort zu finden. Auf einer Verkehrsinsel zwischen den Straßenbahngleisen konnten wir uns postieren. Dann gab ich das Zeichen für den Chor. Meine Leutchen machten ihre Sache gut und sangen sich und mir den Mut zu, den wir nun ja auch dringend benötigten. Nach zwei oder drei Chören fanden meine jungen Mitstreiter, daß es wohl nun Zeit für mich sei. Ich aber bat sie flehentlich noch um einige weitere Lieder, um mich innerlich noch etwas besser rüsten zu können. Endlich war es soweit. Ich fing an zu sprechen. Schon nach wenigen Sätzen mußte ich staunen: über die Zuhörer – fast lauter Männer! – über ihr Alter: fast lauter jüngere Menschen, durchweg unter 35 Jahren! – über ihre merkwürdige Aufmerksamkeit! – Es war still geworden auf dem Bahnhofsplatz, und von den Hotels und anderen Gebäuden ringsum kam das Echo meiner Botschaft auf uns zurück. – Es gab nur *einen* Zwischenruf: woher wir seien – eine Sekte? – Wir gaben deutliche Auskunft: nein, wir kommen von der Kirche, und meine jungen Mitarbeiter sind Studenten Eurer Universität hier. Darauf starker Beifall – ein Labsal für uns kleinlaute Leute.

Aber dann bemerkte ich etwas anderes: Ein Offizier der französischen Besatzungsarmee stellte sich ins hinterste Glied der Hunderte, die uns eng umstanden. Bald ging er weiter; – sein etwas gelangweilter Gesichtsausdruck verriet seinen Eindruck und seine Bewertung: harmlos – ohne Gefahr! – Das hat mich tagelang in Gedanken verfolgt: sind wir wirklich nichts mehr als »harmlose Jünger Jesu« – wie Erich Schnepel es einmal trefflich formuliert hat? Wir hatten zwar Jesus bekannt, aber anscheinend zu zahm. –

Nach mir sprachen noch eine Studentin und ein Student, und einige Chöre schlossen unser Experiment ab. Als wir Schluß gemacht hatten, teilte sich unser Zuhörerkreis in verschiedene kleine Aussprachegruppen auf. Das gab uns den Mut, für den nächsten Abend eine Wiederholung von Ansprache und Aussprache anzukündigen: also: »Auf Wiedersehen morgen Abend! Aber dann schon um 19 Uhr, damit wir auch Zeit zum Austausch haben.«

Wir ahnten nicht, was wir mit dieser Vorverlegung angerichtet hatten . . . Nach einem frohen und gelungenen Arbeitstag in der Uni zogen wir – wie verabredet – um 19 Uhr am Bahnhof auf. Zögernd gab der Polizist seine Zustimmung. Der gestrige Abend hatte auch ihn offensichtlich interessiert. *Aber* heute war die Atmosphäre ganz anders als am Abend vorher: Um 19 Uhr herrscht an jedem Hauptbahnhof ein viel stärkerer Verkehr als später – das hatten wir in unserem Eifer nicht bedacht. Diesmal waren wir mehr Störenfriede als Friedensboten. Auch sahen wir ganz andere Typen um uns. Offensichtlich war die Mainzer Unterwelt stark vertreten: Heimatlose, »schwere« Jungens, dazu auch Kommunisten, die uns fleißig mit giftigen Zwischenrufen eindeckten.

Obwohl wir diesen zweiten Angriff am Mainzer Hauptbahnhof erheblich besser vorbereitet hatten – wir waren ein Team und sprachen im Dialog untereinander und mit unseren Zuhörern – verlief er anders als erwartet. Zu unseren Vorbereitungen gehörte auch, daß wir in einem Kellerrestaurant gegenüber vom Hauptbahnhof Quartier gemacht hatten, um für eine etwaige Nachversammlung gerüstet zu sein. Als wir uns nach einem gnädig verlaufenen Schluß dort unten trafen, merkten wir sofort, wie sehr wir uns in unserem Idealismus verhauen hatten. So »stilvoll« dieses Kellerlokal für unsere diesmaligen Zuhörer war, so falsch war seine Kellerlage, denn nun waren wir die Gefangenen der kommunistischen Störaktionen, die von außen und oben erfolgten.

Die Situation sah nicht nur brenzlich aus, sie war es auch. Und doch überwiegen in der Erinnerung die positiven Erlebnisse dieses sehr gewagten Abends: Bei einem Glas Bier lockerten sich die Zungen, öffneten sich die vorher so verschlossenen Herzen und die versteinerten Mienen. Unsere Mannschaft von etwa 30 Leuten hatte gute und tiefgreifende Gespräche mit mindestens ebensovielen Gesprächspartnern. Auch die Kommunisten kamen herunter und herein und beteiligten sich. Alles endete in einer guten und offenen Atmosphäre. Jesus war und blieb der Sieger. Das zeigte sich auch in den Nachgesprächen unter vier Augen . . . In meinem Dienstauto, dem Frau Hilda Heinemann treffsicher den Namen »Onesimus«* verliehen hatte, fanden ununterbrochen Beichtgespräche bis in den frühen Morgen statt.

Daraufhin haben wir dann viel gewagt: wir luden die äußerlich so zweifelhaften Gestalten, nachdem sie innerlich aufgebrochen waren, zu unseren studentischen Zusammenkünften in der Nähe von Mainz ein. Einzelne Stimmführer kamen auch und nahmen an unseren Bibelarbeiten, unseren offenen Aussprachen und unseren Mahlzeiten teil. Mindestens eine Handvoll dieser scheuen Gestalten, die innerlich immer auf der Flucht zu sein schienen, konnten wir von ihrer festen Absicht, schwarz über die französische Grenze und in die Fremdenlegion zu gehen, zurückhalten . . .

Daß alles wenigstens bei einigen von ihnen wirklich gehalten hat, konnten wir etwa ein halbes Jahr später feststellen: Wir waren zu einer Abschiedstagung der pfälzischen PGB ** mit

---

* Onesimus heißt »nützlich« – ja er war für viele sehr nützlich! (Philemon, Vers 11). – – ** PGB d. h. Pfarrer-Gebets-Bruderschaft.

Erich Schnepel im gastfreien Speyerer Diakonissenhaus versammelt. Diese Tage hatten geistige Höhenlage und geistliche Tiefe. – Mitten in unsere weltabgeschiedene Klausur kam die damalige Oberin herein und meldete etwas schockiert »Herr Pfarrer Fuchs, an der Pforte verlangen zwei absonderliche Handwerksburschen nach ihrem ›Freund Fuchs‹, wie sie sagen. Bitte, kommen Sie!« – Mit einigem Herzklopfen ging ich an die Pforte: »Wer mag das wohl sein?« Nun, es war einer jener Männer aus der Mainzer Unterwelt, der mitternachts im »Onesimus« sein Herz dem Herrn Jesus geschenkt hatte. Er sagte kurz und sachlich: »Freund Fuchs, der da« – dabei zeigte er auf seinen beinamputierten Kumpel – »glaubt an Gott. Soweit habe ich ihn schon. Aber von Jesus will er noch nichts wissen. Darum kommen wir zu Ihnen.« Was sollte ich mit diesen beiden Vertretern der Mainzer Unterwelt machen? So wie sie aussahen, schienen sie im Diakonissenhaus fehl am Platz, zumal beide zusammen sicher mehr Lebewesen als nur zwei darstellten. So setzte ich sie zunächst einmal auf eine Bank, ging zu meinem Freund Hans Leininger, der damals Geschäftsführer des Hilfswerks in Speyer war, und fragte ihn: »Hans, kannst Du diese beiden Brüder von der Landstraße nach einem gründlichen Bad völlig neu einkleiden?« Bei Hans Leininger war nie etwas unmöglich. Und so brachte er es auch fertig, daß beim Nachmittagskaffee zwei feine Herren erschienen, die man fast für zwei Pfarrer hätte halten können. So hatten sie nun von Stund an, wie einst in Mainz, Tisch- und Arbeitsgemeinschaft mit uns. Als sie sich am Ende der Pfarrertagung von Herzen dankbar verabschiedeten, stand auch mein Freund Henri Ochsenbein aus Straßburg dabei. Er ist der Herausgeber des Buches »Zeichen und Wunder« (Brunnquell-Verlag, 7418 Metzingen). Hier wird von der Wende im Leben »hoffnungsloser« Fälle berichtet. Nachdem unsere beiden abgedampft waren, fragte ich ihn: »Henri, was meinst Du nun, waren sie echt, oder war alles

nur Schein?« Er sagte nur: »Man muß sie einfach liebhaben, so
wie sie sind, ob sie nun echt sind oder nicht . . .« Sie aber zogen
ihre Straße fröhlich und mit *Jesus* – wie sie beide versicherten.
Und ich traue Ihm das auch wirklich zu! – mir nicht – ihnen
nicht – aber Ihm! –

Am erfolgreichsten aber war der Kontakt mit der Unterwelt
wohl in einer Kleinstadt der Pfalz. Dort war eine große Anzahl
junger Menschen aus besten Elternhäusern in kriminelle Ma-
chenschaften geraten. Sie stahlen Heeresgut der Besatzungsmacht und verkauften es – zum Beispiel Butter und andere selten gewordene Nahrungsmittel – teuer an die damals noch hun-
gernde Bevölkerung. Immer nachts, wenn ihre Eltern und Geschwister schliefen, zogen die Früchtchen auf Raub aus. – Auf
geheimen und nicht ungefährlichen Wegen kamen wir ins Gespräch mit zweien ihrer Rädelsführer. Wir fragten sie, ob wir
sie und ihre Kumpels einmal sprechen könnten. Sie sagten zu.

Dies vor uns stehende Abenteuer – mit Jesus im Rücken und
einer Schar junger Missetäter vor uns – war für uns eine so
atemberaubende Sache, daß – nach einem Bericht im Landes-
kirchenamt in Speyer – der Referent für unsere Arbeit mitgehen
wollte; natürlich incognito und neutral – also in hellgrau und
ganz unpastoral. –

Aber unsere zwei jungen »Freunde« lehnten neue und weitere Gäste ab. Sie witterten Unheil, während wir ihnen doch
helfen wollten. So kam es also nur zu einem Gespräch mit diesen beiden. Bei dem einen von ihnen mit einem guten Erfolg. Er
reiste uns in eine andere Gemeinde nach, und es kam bei ihm
trotz einer fast unmenschlichen Hörigkeit gegenüber seinem
Bandenchef zu einer wirklichen Begegnung mit Jesus. Leider
konnten wir sie, unsere beiden jungen Freunde, infolge einer
letzten Untat nicht vor dem Kadi bewahren. Sie mußten ebenso
wie die andern eine empfindliche Freiheitsstrafe in Kauf nehmen. Aber auch hinter Gittern bewährte der eine mutig seinen

neugefundenen Glauben an Jesus, der ihn freigemacht hatte. Das hatte strafverkürzende Wirkung. Und seine radikale innere Wandlung war trotz der großen und schweren Demütigung ein wirklicher Trost für die heimgesuchten und in der ganzen Stadt angesehenen Eltern.

Karins fünffache Heimsuchung

Nach dem großen Zusammenbruch 1945 nahm mit anderen auch Karin an einer unserer ersten Jugendtagungen teil. Sie nahm nicht nur teil – sie nahm Jesus als Freund der Jugend auch beim Wort. Alles, was da gesagt wurde, brauchte sie für sich ganz persönlich. Bei der ersten Aussprache mit ihr ging mir auf, daß ihr ganzes Leben davon abhing, ob unsere Verkündigung stimmt oder nicht – ob es so etwas heute noch gibt, oder eben, wie viele meinen, ob alles doch nicht so wörtlich zu nehmen ist.

Aber ich muß etwas weiter ausholen: Karin kam als Flüchtling aus dem Osten. Sie hatte wie fast alle ihre Mitflüchtlinge schwerste Erschütterungen hinter sich. Worte können sie kaum beschreiben: das plötzliche Verlassenmüssen von Hof und Heimat. Dazu die Flüchtlingsnot auf den weiten Irrfahrten – erst noch auf den geretteten Wagen, dann zu Fuß. Eines Tages das Überranntwerden durch die russische Front. Darauf folgte das Schlimmste: die endlosen Vergewaltigungen vieler deutscher Frauen und Mädchen. Oft geschah das an den Müttern vor den Augen der Kinder und an den Kindern vor den Augen ihrer ohnmächtigen Eltern.

Karin muß eine richtige Heldin gewesen sein: Mehrfach konnte sie ihre heißgeliebte Mutter vor diesem Äußersten retten. Dann aber rächte sich die Soldateska an ihr. Wie wilde Tiere fielen sie über sie her. Das ging so Tag und Nacht, bis die einst so blühende Karin nur noch ein Wrack war. Der ganze

Flüchtlingszug hatte Mitleid und Erbarmen mit Karin – nur keiner der russischen Soldaten und Offiziere. Das jammervolle Ergebnis war: Karin wurde mit den verschiedensten Geschlechtskrankheiten greulich angesteckt; zuletzt waren es fünf an der Zahl.

So also kam Karin völlig am Ende in unsere Gegend. Sie mußte sehr peinliche, schmerzhafte und langwierige Behandlungen auf sich nehmen. Das war für dies innerlich noch unberührte Mädchen viel schlimmer, als man es mit kurzen Worten sagen kann.

Aber bei den seelsorgerlichen Gesprächen mit ihr brach es oftmals wie ein Orkan aus ihr heraus: Warum *ich?* – warum gerade *das?* – warum *so viel* auf einmal??? Darauf gab es vom Menschen her keine Antwort. Aber bei ihren leidenschaftlich anklagenden Fragen mußte ich daran denken, wie nicht lange davor eine kleine Gemeinde nahe bei Bretten, die nach dem Einmarsch der Franzosen ähnliche Dinge erlebt hatte, nach schweren Vergewaltigungen durch Marokkaner sich in ihrem Kirchensaal versammelt und mich ganz direkt gefragt hatte, was ich ihnen nach so grauenhaftem Geschehen aus Gottes Wort dazu zu sagen hätte.

Ich konnte darauf nichts anderes tun, als ihnen vor Augen zu stellen, welch große Schändung unser Herr Christus vor und bei seiner Kreuzigung erfahren hat: Er, der Sohn Gottes, von rohen Soldaten ins Gesicht gespuckt, geschlagen und verhöhnt! Und dazu nackt ausgezogen! Welche Schande schon für jeden Israeliten, wieviel mehr erst für Ihn! Und dann draußen vor dem Tor – also von seinem Volk ausgestoßen – wie ein Verbrecher an das Kreuz geschlagen, ein schimpflicherer Tod als jeder andere – ein Sklaventod!

Das sagte ich nun auch Karin. Dann brachten wir im gemeinsamen Gebet alles Schreckliche vor Gott und unter das Kreuz Jesu. Noch heute aber höre ich ihre ängstliche Frage: »Bleibt aber nun alles auch wirklich da, wo ich es eben abgelegt habe – am Kreuz? Oder überfällt es mich immer wieder wie ein wildes Tier – so wie in den letzten Wochen und Monaten?« – Miteinander beteten wir um die Gewißheit: Es bleibt am Kreuz! Daraufhin wurde Karin still und getrost und blieb es auch, obwohl die scheußliche Behandlung noch monatelang fortgesetzt werden mußte und eigentlich niemand zu hoffen wagte, daß sie je ganz geheilt werden könnte.

Einige Wochen später hatten wir zusammen mit dem bekannten Schweizer Arzt und Seelsorger Dr. Bovet eine Pfarrer- und Ärztetagung auf einem einsam gelegenen Gutshof. »Zufällig« war auch Karin dort zu Gast. Wir saßen gerade beim Mittagessen, als Karin hereingeschlichen kam und mir schüchtern zuflüsterte: »Herr Pfarrer, ich glaube fest, daß ich hier gesund werden kann, wenn Sie und Dr. Bovet mir zusammen die Hand auflegen!« Mir war, als stünde mir wegen dieser Kühnheit das Herz still. Dennoch versprach ich, ihre Bitte an Dr. Bovet weiterzugeben. Nach Tisch war Zeit und Gelegenheit dazu.

Zu meiner großen Verwunderung war Dr. Bovet sofort dazu bereit. Er merkte mein Erstaunen und fragte: »Bist du denn nicht bereit?« Offen gestand ich ihm meine großen Bedenken: Ich könnte mir überhaupt nicht vorstellen, wie durch unser Gebet in dies Gewimmel von gefährlichsten Bakterien Ordnung und Heilung hineinkommen könne. Dr. Bovet aber sagte kurz und bündig: »Das geschieht doch nicht durch unser Gebet, sondern einzig und allein auf *Seinen* Befehl!«

Ich stellte ihm noch vor Augen, was aber geschehe, wenn unser Gebet ohne Echo bliebe? – Könne dadurch dem armen Kind nicht vielleicht ihr ganzer Glaube zerstört werden? Aber ich kam gegen Dr. Bovets Zuversicht nicht an. Zuletzt gab ich kleinlaut und mit klopfendem Herzen nach. –

So ließen wir nun Karin kommen. Schüchtern aber voller Erwartung betrat sie unseren Raum. Sie berichtete kurz und schlicht – jetzt aber ohne jede seelische Erregung – was ihr widerfahren war und schloß mit der nochmaligen Bitte um Handauflegung und Gebet durch uns beide. Man merkte, sie traute ihrem Heiland wirklich alles zu. Man spürte auch, daß *wir* nicht gemeint waren, sondern Er. – Dr. Bovet war sichtlich bewegt.

Zuerst lasen wir dann zusammen die apostolische Weisung aus dem Jakobusbrief (Kap. 5, 13–18). Danach legten wir der so schwer Heimgesuchten unsere Hände auf. Wir baten den Herrn, er möge doch das Gebet erhören, das wir in seinem Namen wagten. Wir beriefen uns dabei auf den Auftrag, den er selbst seinen Leuten gegeben hatte: »Macht die Kranken gesund!« Wir baten Ihn, Seine Hand auf unsere Hand und auf das kranke Kind zu legen. Unser Amen kam wie aus einem Mund. Und dann ging Karin still und eilig hinaus. Wir beide aber wurden am Ende unserer Arbeitstagung so sehr in wichtige Gespräche und Entscheidungen verwickelt, daß wir über das Geschehene überhaupt nicht mehr in Ruhe reden konnten. Eigentlich hatte ich gerade das noch sehnlich erwartet. Aber vielleicht war es gut so. –

Einige Wochen später traf ich Karin bei einem Jugendtreffen auf diesem Gutshof wieder. Zu Beginn reichte ich der Reihe nach jeder Teilnehmerin die Hand und fragte: »Wie geht's?« – Karin, die etwa in der Mitte stand, antwortete: »Danke, sehr gut!« – Als ich alle begrüßt hatte, kam mir die Frage: was heißt hier bei Karin: »sehr gut?« Soll das heißen, sie sei gesund? – *Dann* muß ja etwas ganz Großes an ihr geschehen sein ... Gegen Abend nahm ich mir kurz Zeit für sie. Ich fragte sie rundheraus: »Karin, was sollte das vorhin heißen: es geht mir sehr gut?« – Sie antwortete sofort und freimütig: »Ich bin geheilt – ganz geheilt!« ... Und dann berichtete sie, wie sie bald nach unserem Zusammensein mit Dr. Bovet wieder bei ihrem Hautarzt gewesen sei. Der habe kurz nach der Untersuchung ganz verdutzt dreingeschaut und – ihr zunächst ganz unverständlich – nur gesagt, daß sie aber noch einmal kommen müsse. Sie habe gar nicht gewußt, was das zu bedeuten habe, da sie doch bis dahin jede Woche ein- bis zweimal zu Untersuchung und Behandlung habe kommen müssen.

Als sie dann wiederkam, war der Arzt ganz erregt. Die Abstriche, die er beim vorigen Mal gemacht und zur Untersuchung eingeschickt hatte, waren frei von Krankheitskeimen befunden worden. Ihm war das völlig unerklärlich. Dann fragte er sie – seine Patientin –, wie das möglich war und was sie gemacht hatte. Jetzt ergriff sie den Augenblick, um dem Arzt die volle Wahrheit zu bekennen, wie neulich ein Arzt aus der Schweiz und ein Pfarrer aus Süddeutschland auf ihre Bitte hin mit ihr gebetet und ihr zur Heilung die Hände aufgelegt hatten. Daraufhin hatte sie sofort, noch am gleichen Tag, gespürt, daß etwas in ihrem Körper vorging. Aber sie hatte nicht gleich gewagt, es ernst zu nehmen. Aber nachdem er, ihr Arzt, selbst das Wunder, das an ihr geschehen war, bestätigte, konnte sie nur noch Gott – und auch ihm – danken.

Zunächst war der Arzt wütend. – – So etwas durfte es ja nicht geben. Als er dann aber Karins fröhliches Gesicht sah, fing er sich wieder. So etwas hatte er in seiner Praxis noch nicht erlebt. »In der Tat, das ist ein wirkliches Wunder«, sagte er. »Ja, danken Sie Gott. Er hat Großes an Ihnen getan, nicht ich!« –

Jetzt konnte auch ich nur noch des Arztes Worte bestätigen und der glücklichen Karin sagen: »Ja, er hat recht. Auch Dr. Bovet und ich können uns nur seinem Urteil anschließen. Hier haben nicht Menschen geholfen, sondern Er, Er allein!« –

An dieser wunderbaren Heilung ist neben allem andern vor allem dies wichtig, daß sie ganz nach biblischer Weise verlaufen ist: Sie setzte sofort und ohne jede weitere ärztliche Behandlung ein. Und sie brachte für sämtliche fünf Krankheiten eine totale und endgültige Hilfe. Erst kürzlich bestätigte mir noch der Direktor einer Universitäts-Hautklinik, daß es solche gleichzeitige Erkrankung an fünf Geschlechtskrankheiten gäbe. Aber von einer plötzlichen Heilung aller fünf habe er noch nie gehört.

Voriges Jahr erfuhr ich nach langer Zeit wieder von Karin. Sie ist ohne Rückfall kerngesund geblieben, sie heiratete und hat gesunde, fröhliche Kinder! – Was haben wir doch für einen wunderbaren Gott!

Als ich Dr. Bovet von all dem berichtete, reagierte er ganz nüchtern. Er schrieb mir sinngemäß: Unser Zusammensein auf dem stillen Hof war so neutestamentlich, daß Karins Heilung ein selbstverständliches Ergebnis dieser Tage war. Hier kann man nur staunen, danken und jasagen! –

Enkel und Urenkel in Kamerun

Damit sind nicht meine leiblichen Enkel gemeint. *Sie* befinden sich alle in Deutschland. Und weiße Urenkel habe ich noch nicht. – *Aber* an etwas ganz anderes ist gedacht ... Ich möchte es in die Frage kleiden, die vielleicht mancher jetzt an mich richtet: »Wie kommst Du zu Enkeln und Urenkeln in Westafrika?« Hier ist die Antwort.

Vorausgeschickt sei, daß es unter Christen nicht nur leibliche Väter, Mütter, Kinder und Enkel gibt. Ich greife nur ein Beispiel heraus: Nach der Lektüre der Biographie von Anny Hahn über ihren Mann, den von den Russen ermordeten D. Traugott Hahn, beschlossen meine Frau und ich: wenn unser nächstes Kind ein Sohn werden sollte, dann muß er Traugott heißen. So sehr wünschten wir, daß etwas von der Art dieses Blutzeugen Jesu auch unserm Kind geschenkt werden möchte. – – – So nannten wir also unseren dritten Sohn Traugott. Und Frau Hahn, die dann einige Jahre später in unser Haus kam, wurde nachträglich noch seine Ehrenpatin. Aber sie wurde noch viel mehr: Sie wurde die geistliche Mutter unserer ganzen großen Familie. Sogar meine leibliche Mutter, die einige Jahre älter als Frau Anny Hahn* war, nannte sie Mutter Hahn – wie wir alle: meine Frau, meine Kinder und ich. Diese geistliche Verwandtschaft bewährte sich in Zeiten großer Freude – vor allem bei unseren Familienfesten – *und* in tiefem Leid als eine Kraft, die stärker war als leibliche Verwandtschaft.

Auch meine Frau und ich erlebten es viel später, daß eine ganze Anzahl junger Menschen zu uns in ein ähnliches Verhältnis kam. Zum Teil geschah das deshalb, weil diese jungen Leute keinen Vater und keine Mutter mehr besaßen. Zum Teil hatte es aber auch tiefere Gründe.

Zu diesen geistlichen Kindern, die uns Gott zu unseren sieben eigenen Kindern hinzugeschenkt hat, gehören zum Beispiel Ingrid und Walter Trobisch, die ja durch ihre Bücher weithin bekannt geworden sind. Diese geistliche Verwandtschaft, die uns seit 1949 verbindet, hat ungeahnte Früchte getragen. – Als Walter und Ingrid in Kamerun Pionier-Missionare und Lehrer waren, kamen nicht nur anschauliche Briefe aus Afrika zu uns, sondern die Sache mit der geistlichen Elternschaft ging nun auch dort weiter. Denn auch Pfarrer Trobisch und Frau wurden nun wieder im geistlichen Sinn für manchen afrikanischen jungen Mann und manches afrikanische junge Mädchen zu Vater und Mutter. Und als diese jungen Menschen dann zu uns nach Deutschland kamen, sagten sie mit zwingender Logik und so fröhlichem Gelächter, wie man es nur bei Afrikanern findet, daß wir nun ihre geistlichen Großeltern seien. Und als nun wieder zwei von ihnen heirateten und Kinder bekamen, legten sie diese als unsere Urenkel uns in die Arme und ans Herz. Eins von ihnen erhielt sogar meinen Taufnamen Herbert.

---

* Diese erste Biographie über D. Traugott Hahn erschien 1920 bei Bertelsmann in Gütersloh. – Viel später – 1968 – erschienen Mutter Hahns eigene Lebenserinnerungen »Es gibt einen lebendigen Gott« im Brunnquell-Verlag Metzingen (1974: 6. Aufl.)

Diese beiden afrikanischen Ehepaare, also unsere geistlichen Enkel, tragen jetzt eigene große Verantwortung für ihr Land. Pierre Emmanuel Njock war Dozent an der Hochschule in Yaounde/Kamerun. Er ist Mitarbeiter in der Jesusbruderschaft in Gnadenthal, die seit einiger Zeit in Kamerun für Jesus wirkt. Neuerdings ist er zum Direktor der großen Schule in Libamba im Urwald von Kamerun ernannt worden.

Pierre hat mit dem »Fragebogen Gottes« – einer Art Beichtspiegel – neue und erhebende Erfahrungen gemacht; darum will er ihn in seine Heimatsprache Basaa übertragen. – Im Augenblick arbeitet er an seiner Doktorarbeit. Vor kurzem überraschte er mich mit einer kunstvoll gedruckten feierlichen Einladung zur goldenen Hochzeit seiner Eltern mit einem genauen Reiseplan, wie ich sicher seine Heimat und die Kirche finden könne, in der der festliche Gottesdienst stattfinden wird. Dem durfte ich in beglückender Weise entnehmen, *wie* stark diese afrikanischen Enkel und Urenkel mit uns verbunden sind. Sie luden uns ein, als sei da nur eine Entfernung von Karlsruhe nach Stuttgart oder Basel zu überwinden.

Ähnlich ist es mit Jean und Ernestine Banyolak. Mit beiden feierten wir eine »schwarze Hochzeit im schwarzen Wald«, das heißt in Gengenbach im Kinzigtal. Dieser Tag wurde – wie das sonst in Afrika auch der Fall ist – zu einer Volkshochzeit. Einige Hundert Gengenbacher und Auswärtige vereinten sich mit uns, dem liebenswerten Paar aus Kamerun einen unvergeßlichen Hochzeits- und Segenstag zu bereiten. – Unser Fest beherrschte das Ortsbild der kleinen überwiegend katholischen Stadt.

Jean wurde in Berlin als Eheberater ausgebildet und nach Afrika ausgesandt. Ernestine ließ diese Wartezeit nicht leer verstreichen. Sie errang ebenfalls einige Diplome als Krankenhelferin, landwirtschaftliche Sachbearbeiterin und als Dorfhelferin. Unser Freundeskreis hat ihnen in Deido-Douala/Westafrika ein bescheidenes Heim vermittelt, das nun die Zen-

111

trale für die seelsorgerliche Eheberatung in Kamerun und Umgebung ist. Hier haben Ingrid und Walter Trobisch einen Stützpunkt, wenn sie dort in der Gegend oder sonst in Afrika tätig sind *.

Wir alle können nicht dankbar genug für diese einzigartige schwarz-weiße geistliche Familiengemeinschaft sein, die uns hier in der ehemaligen deutschen Kolonie Kamerun, fern von allen Unterschieden der Rasse und Hautfarbe, durch unseren gemeinsamen Herrn Jesus Christus geschenkt worden ist. Hier ist Mission wirklich keine Einbahnstraße mehr! – So etwas kann nur nur Er schaffen! –

Ein Berufseinbrecher wird neu

Nach meinem Einsatz in der Pfalz und vor meinem Wirken als Krankenhauspfarrer in Mannheim half ich kurze Zeit in Losenbach aus. Dort wohnte im Dachstock meines Quartiers ein junger Mann, der nur von den Einbrüchen lebte, die er nachts verübte. Immer dachte ich, wie komme ich zu einem Kontakt mit ihm? – Eher als ich es geglaubt hatte, kam es dazu: Eines Tages hatte ich mein Schlüsselbund vergessen. Gerade wegen dieses »Fachmannes für Einbrüche« hatte ich alles doppelt gut verschlossen. Was sollte ich tun? Ich fragte seine Mutter um Rat. In einer Stunde hatte ich eine Trauung zu halten und mußte deshalb unbedingt in mein Amtszimmer. Die Mutter sagte: »Mein Sohn ist gelernter Zimmermann; er kann von Berufs wegen alle Schlösser öffnen.« – Sollte ich also noch den Bock zum Gärtner machen?

Aber es blieb mir keine andere Wahl: Ich *mußte* es wagen.

---

* Die regelmäßigen Rundbriefe über diese Missionsarbeit können bei Pfarrer Trobisch, Lichtenberg 6, A 4880 St. Georgen/Attergau in Oberösterreich bestellt werden.

Sie rief ihren Sohn herbei. »Womit kann ich Ihnen helfen, Herr Pfarrer?«, fragte er mich hilfsbereit. Ich klagte ihm meine Not. »Das werden wir bald haben« – war seine Antwort. In der Tat: alle Schlösser waren fast schneller geöffnet, als ich sie verschlossen hatte. Nur der alte Schreibtisch trotzte seinem Draht, mit dem er sonst alles aufbekam. So holte er *einen* Schlüsselbund: »Mit dem kriegen wir alle Schlösser auf!« So war es auch.

Jetzt aber war gerade das Gegenteil erreicht von dem, was ich gewollt hatte. Nun stand für einige Tage alles für ihn offen. Heute schäme ich mich über diesen ersten Gedanken, der mich damals überfiel und jedes Dankesgefühl erstickte. – Aber dann ermannte ich mich und fragte meinen Helfer: »Wie kann ich Ihnen danken? – Rauchen Sie? – Trinken Sie?« – Beides verneinte er. Ich aber fragte mich, wozu er dann eigentlich Berufseinbrecher war? – Da kam mir ein guter Einfall. Auf meinem Schreibtisch lag meine Lektüre der letzten Tage. Das Buch von Baron von der Ropp »Ein Mensch entdeckt das Leben«. Das bot sich als guter Ausweg an. »Lesen Sie das, wenn ich's Ihnen schenke?« Das bejahte er. »Darf ich Ihnen eine Widmung hineinschreiben?« – Noch heute höre ich sein langgezogenes: Jaaa! Nachdem ich mein Dankeswort eingetragen hatte, las ich es ihm feierlich vor: »Meinem lieben und getreuen Helfer in der Not, Siegbert Brigend, voller Dank, weil er seine große Gottesgabe heute vielleicht zum erstenmal so positiv eingesetzt hat, zu einem bleibenden Gedenken von seinem stets dankbaren Nachbarn Pfarrer Herbert Fuchs, Losenbach, den . . .«

Damals ahnte ich nicht, daß dieser Tag für ihn die Wende zu einem ganz neuen Leben wurde. Siegbert klappte das Büchlein zu und nahm es unter seinen rechten Arm. Dann verabschiedeten wir uns.

Wochen später traf ich seine Mutter auf der Straße. Mit Macht und mit ernster Miene trat sie mir in den Weg; ich fürchtete schon eine mütterliche Strafrede, weil ich ihrem Sohn ein so radikales Buch mit einer so überdeutlichen Widmung geschenkt hatte. Aber das Gegenteil war der Fall: Feierlich bedankte sie sich mitten auf der Straße für das, was an ihrem Sohn geschehen sei. Total verändert und von Grund auf verwandelt sei er sofort am nächsten Tag zur Arbeit gegangen. Nun sei er schon wochenlang dabei geblieben. Ein ordentlicher Mensch sei er geworden. Sie konnte nicht genug danken. Ich aber konnte nur mit dem Zeigefinger nach oben deuten und bezeugen: »Das habe *nicht ich* getan, liebe Frau Nachbarin. So etwas kriegt kein Vater und keine Mutter und auch kein Pfarrer hin. *Er* ganz allein lenkt die Herzen der Menschen wie Wasserbäche.« Als ich längst nicht mehr in Losenbach war, sprach ich immer wieder bei meinem lieben Siegbert vor und fragte ohne Umschweife: »Hält es noch?« – Die Eltern oder der Sohn, wen ich halt gerade antraf, antworteten: es bleibt dabei!...

Aus dieser Erfahrung lernte ich viel für mein eigenes Leben. Zuerst die große Hauptsache: Für Jesus gibt es keine hoffnungslosen Fälle. Das bezeugen das ganze Neue und Alte Testament eindeutig. Sind wir Christen und besonders alle christlichen Amtsträger nicht viel zu negativ und zu fordernd? Er, dessen letztes Wort am Kreuz war: »Es ist vollbracht!«, hört doch nie zu wirken auf. Wie gering war das, was mir selbst widerfahren war: Ich konnte ungehindert meine Trauung halten. Aber um wieviel größer und wunderbarer war, daß aus meiner Verlegenheit, in jener für Siegbert so großen Stunde, Jesus den Sieg behalten hatte! Das durfte ich staunend miterleben.

In nachdenklichen Stunden bewegt mich seither viel der Gedanke: könnten wir alle nicht öfter ähnliche Erfahrungen machen? – Würde manchen gestrauchelten und gestrandeten Menschen nicht eine ungeahnte Möglichkeit geboten, wenn wir ihnen im Auftrag Jesu eine Chance böten, sich auf ihrem Fachgebiet einzusetzen? Haben wir nicht auch fast alle das kindliche

Staunen verlernt über die großen Taten Gottes? Ihm ist einfach *alles* möglich. Er ist und bleibt der Herr der unbeschränkten Möglichkeiten. Das habe ich neu in Losenbach gelernt, als durch eine scheinbare Kleinigkeit aus einem Einbrecher ein neuer Mensch wurde.

Annemarie und Kurtchen

Während meines vorübergehenden Einsatzes in der Pfälzischen Landeskirche wohnte ich allein im Hospiz in Speyer – wohlversorgt von Ännchen Bauer. – Meine Familie blieb im Pfarrhaus des badischen Malerdorfs Grötzingen bei Karlsruhe. – Alle 14 Tage besuchte ich sie. Zur Betreuung meiner ehemaligen Gemeinde war Pfarrer Georg Mudrack eingesetzt.

An einem Sonntag nach seinem Gottesdienst standen wir mit anderen Kirchgängern im Gespräch vor der Kirche. Da trat Annemarie auf uns zu. Sie war eine meiner aufgeschlossensten Konfirmandinnen gewesen, wollte Schneiderin werden und war künstlerisch sehr begabt. Mit 17 Jahren hatte sie sich entschlossen, Jesus als ihrem Herrn nachzufolgen. Sieben Mädels trafen damals innerhalb einer Woche dieselbe Entscheidung für ihr Leben. –

Als Annemarie auf uns zukam, reichte sie uns die *linke* Hand. Auf meine erstaunte Frage: »Warum die linke?«, antwortete sie traurig: »Weil ich rechts gelähmt bin.«

Wohl hatte ich in Speyer erfahren, daß Annemarie krank gewesen sei. Aber von einer spinalen Kinderlähmung wußte ich nichts. Medizinisch war alles Erdenkliche getan worden, aber leider ohne Erfolg. Was sollte sie nun machen? Ihr geliebter Beruf und ihre künstlerischen Interessen – damit sollte nun alles aus sein? Unser amerikanischer Freund, Pfarrer Busse, der gerade bei uns zu Besuch war und gut deutsch konnte, war mit uns sehr bewegt und voller Teilnahme. Um Näheres von Annemarie zu hören und ihr seelsorgerlich zu helfen, nahmen wir sie mit in mein Arbeitszimmer. Wir beteten mit ihr, so wie das Christen gelernt haben: »Herr, wenn Du willst ... wenn Du aber nicht willst – – –!«

Nachdem das junge Mädchen uns verlassen hatte, sprachen wir weiter über den Fall. Wir fragten uns, ob wir richtig gehandelt hätten. Busse sagte: »Wenn ich jetzt an Gottes Stelle wäre, wüßte ich nicht, was geschehen solle. Unser Gebet enthielt doch ein *Ja* und ein *Nein* – also ein – *Jein!* Hat der Herr Jesus seinen Leuten nicht eindeutig gesagt: »Macht die Kranken gesund!«? Das war doch ein eindeutiger Befehl. Dagegen hatte ich Bedenken. Gegen Busses fröhlichen Mut, eine Gebetsheilung zu wagen, wandte ich ein: »Hast Du wirklich den Mut, einer Spinalgelähmten die Hände zur Heilung aufzulegen? – Und, wenn dann nichts geschieht, ist dann der Schaden nicht ärger als vorher?« – Aber Gustav Busse blieb zuversichtlich der Meinung: wir dürfen und müssen den Herrn beim Wort nehmen und in seinem Auftrag an den Kranken *handeln*. Also ließen wir Annemarie gleich durch einen meiner Söhne zurückrufen. – Sie wollte nicht noch einmal kommen und hatte allerlei Ausreden, aber unser Bote ließ nicht locker: »Der Vater hat's gesagt!« Und dann kam sie. –

Da sie nicht wußte, was in Jakobus 5 geschrieben steht, lasen wir ihr die apostolische Weisung vom Handeln an den Kranken vor. Sie war bereit, danach zu tun. Also bekannten wir einander offen, wo es bei uns fehlte. Dabei nahmen wir kein Blatt vor den Mund und hielten mit nichts zurück, denn wenn man so, wie wir es nun vorhatten, miteinander und aneinander handeln will, darf nichts mehr zwischen uns und Gott stehen. Und dann wagten wir den Schritt, alle beide recht zaghaft und gar nicht kühn. Wir baten Ihn, jetzt gleich Seine starke und allmächtige Jesushand auf unsere schwachen Menschenhände zu legen und uns zu helfen, daß Seine hohe Zusage auch wahrwerden kann: Siehe, Ich will sie heilen! Vor allem befahlen wir Ihm das kranke, hilflose Kind. Und so legten wir ihm die Hände auf! –

Einige Monate später wurde ich nichtsahnend zusammen mit meiner Frau in Annemaries Elternhaus eingeladen. Bei der Begrüßung durch Annemarie an der Haustür streckte sie uns schwungvoll ihre rechte Hand entgegen. Ich konnte sie nicht ergreifen ... überrascht, fast zweifelnd, rief ich nur aus: »Annemarie, bist Du denn geheilt?« Sachlich – wie sie überhaupt ist – drängte sie uns in die elterliche Wohnung. Dort lagen auf unseren Tellern filigranfeine neue Scherenschnitte, die sie aus Dank für uns angefertigt hatte. – So durften wir miteinander eine Dankesstunde besonderer Art halten.

Annemarie war – obwohl erst 17jährig – bereits invalidisiert worden. Wir alle wissen, daß sich unsere Kassen *damit* durchaus nicht beeilen. Aber beim Kaffee berichtete sie voller Dank, daß sie bereits wieder in ihrem Beruf tätig sein könne. An einem Tag war sie durch Jesus selbst angerührt und geheilt worden. Wir konnten mit dem 103. Psalm nicht genug loben und danken für das, was Er selbst an dem Kind getan hatte. –

Aber die Geschichte mit Annemarie ist damit noch nicht zu Ende, wie Glaubensgeschichten ja meist nicht mit einem Happy End auszugehen pflegen. Im Gegenteil: Es ging mit Annemarie und so auch mit mir noch durch viele Tiefen. Zunächst hatten wir nach diesem großen Ereignis wenig Kontakt miteinander. Sie war beruflich viel unterwegs, und ich war ja in der Pfalz tätig.

So riß die seelsorgerliche Verbindung zwischen uns beiden ab. Das hätte wohl nicht sein dürfen, zumal Annemarie in der Zeit auch sonst keine Verbindung mit lebendigen Christen hatte. Und das ist für einen Christen nie gut. Eines Tages aber rief Annemarie bei mir in Mannheim an, wo ich seit einiger Zeit als Krankenhausseelsorger tätig war, und fragte mich, ob ich sie in ihrer Heimatkirche Grötzingen kirchlich trauen wolle. – Das solle in Kürze geschehen. – Meine Antwort war: »Ja, das kann wohl sein, aber nur unter zwei Bedingungen: Erstens: Du mußt vorher noch mit Deinem zukünftigen Mann zu uns nach Mannheim kommen, damit wir ein vorbereitendes Trauegespräch miteinander halten können. Und zweitens: versöhne Dich zuvor mit Deiner Namensschwester, mit der Du Krach hast!« – Annemarie schnappte ein. Ohne ein Wort zu sagen, legte sie den Hörer auf. Das war gewiß sehr ungehörig. Ich aber mußte mich fragen: Warum hatte sie so reagiert? – Ohne Zweifel war ich schuld daran. Ich war am Telefon zu hart und zu gesetzlich gewesen. Diese Einsicht ging mir aber erst nach Jahren auf. –

Lange Zeit hörten wir nichts mehr von Annemarie. – Aber die andere Annemarie bewährte sich um so mehr. Wenn sie irgend konnte, schrieb sie ihr jeden Monat *einen* guten Brief. Viel später erfuhren wir, daß sie bei der trotzigen Annemarie alle miteinander ungelesen im Papierkorb gelandet waren. In einem der letzten Briefe schrieb die Grötzinger Annemarie an ihre Freundin: »Annemarie, Du hast ein Herz so hart wie Stein! Nie antwortest Du auf meine liebgemeinten Briefe. Unsere Pfarrmutter ist inzwischen längst gestorben. Dich läßt das alles vollkommen kalt. Annemarie kehre um – kehre heim!« Ausgerechnet diesen Brief öffnete die Münchener Annemarie zum erstenmal; er traf sie schwer und dazu in einer höchst verzweifelten Lage.

Ihr Mann hatte in München ein Geschäft eröffnet, das aber bankrott ging. Daraufhin gründeten sie ein neues Unternehmen auf Annemaries Namen. Damit aber wollte es auch nicht besser gehen. Gerade, als der Brief ankam, brach die Krise aus. So waren sie also beide am Rande. Annemarie war so verzweifelt, daß sie keinen Ausweg mehr wußte. – Dazu kamen Lähmungserscheinungen am rechten Arm, der früher spinalgelähmt war. –

In dieser Not beantwortete sie den so liebevoll einladenden Brief der Grötzinger Annemarie mit einem SOS-Ruf: »Kommt eilig und helft mir – ich weiß nicht mehr weiter!« –

Als ich diesen Brief nach jahrelangem Warten auf irgendein Lebenszeichen las, konnte und wollte ich es ihr nun aber doch nicht so billig machen. So ließ ich ihr durch unsere Grötzinger Annemarie schreiben, daß ich ihr nur dann helfen könne, wenn sie zu einem Gottesdienst mit anschließender Aussprache zu mir käme. Dieses Mal ließ sie es sich sagen.

So machte sich denn dies entwöhnte Gotteskind mit ihrem Mann auf, um nach Jahren wieder einmal Gottes Wort zu hören und – was nun wohl dazugehörte – ihren geistlichen Bankrott anzumelden. Das geschah am Nachmittag unter vier Augen. Leider mußte ich dabei den Eindruck gewinnen, daß sie mir nicht alles gesagt hatte, was zu sagen nötig gewesen wäre. Da es mir innerlich verwehrt wurde, allzusehr in sie zu dringen, mußte es bei dem bleiben, was sie preisgab. Aber ihre mangelnde Offenheit bedrückte mich doch sehr. Trotzdem wurde Annemarie, nachdem wir ernstlich miteinander gebetet hatten, zu meinem großen Erstaunen wieder gesund, woraus man wieder einmal sehen kann, daß Gott größer ist als unser Herz!

Voller Freude und mit neuer Zuversicht fuhren die beiden wieder heim nach München, woher auch nach kurzer Zeit die Nachricht kam, daß der Arm wirklich wieder ganz gut sei. Nun aber habe sie eine Thrombose im Bein. Ob das wohl daher kommen könne, daß sie bei der seelsorgerlichen Aussprache etwas sehr Wichtiges verschwiegen habe? Wenn ich dieser Meinung wäre, dann wollte sie sofort wieder »zur Nachbehandlung« zu mir nach Karlsruhe kommen. Meine Antwort war: »Es konnte gar nicht anders kommen, liebe Annemarie. Gott ist zwar sehr barmherzig und handelt nicht mit uns nach unseren Sünden. Aber seine Mahnung bleibt: »Irret euch nicht, Gott läßt sich nicht spotten!« So lud ich Annemarie also zu einer zweiten Aussprache ein – und sie kam; und diesmal wurde reiner Tisch gemacht. –

Für mich ist diese junge Frau ein außerordentliches Zeichen von Barmherzigkeit Jesu, die alles Menschenmaß übersteigt. Denn nunmehr machte er sie an Leib und Seele endgültig und völlig gesund. Sie fuhr in jeder Hinsicht als neuer Mensch nach München zurück, nachdem sie mir noch versprochen hatte, endlich auch mutig alles ihrem innerlich noch fernstehenden Mann zu bekennen.

Dann aber kam bald ein eigenartiger, neuer Hilferuf. Sie schrieb: »Jetzt habe ich alles meinem Mann bekannt, was ich seit Jahrzehnten und neuerdings gleich zweimal mit Jesus erlebt habe. – Aber nun denkt Euch, was jetzt passiert ist: Er lacht mich nur aus; – er versteht mich überhaupt nicht. Es ist so, als spräche ich chinesisch mit einem Deutschen, der diese Sprache nicht versteht ... *Das* habe ich mir nun nach 15 Jahren der Feigheit selbst eingebrockt. – Damals wäre er vielleicht mit mir dankbar gewesen, daß Jesus ihm durch meine Heilung eine gesunde Frau geschenkt hat. – Aber jetzt kommt ihm alles vor wie spanische Dörfer. Manchmal meint er und sagt es auch ganz offen: »Du spinnst!« ... Und was das Schlimmste ist: diesmal will er um keinen Preis der Welt mit mir zu Dir nach Karlsruhe fahren. *Bitte* kommt doch Ihr hierher und helft uns. Ich allein rede gegen eine Wand.«

Nach langem stillen Nachdenken vor Gott wurde es uns – der treuen Grötzinger Namensschwester, meiner Pflegetochter und mir, klar, daß wir ihr helfen mußten. So fuhren wir für ein verlängertes Wochenende nach München. Wir wollten dort *nicht* nach dem Rechten sehen, sondern miteinander nach dem rechten Weg suchen. –

Diese Reise hat Gott dann sichtbar gesegnet. Was Annemarie sich so heiß und so lange gewünscht und erbetet hatte, geschah: Ihr Mann nahm Jesu Angebot an und entschloß sich, mit seiner

Frau zusammen ein ganz neues Leben anzufangen. Und das Schönste ist: Dieser erneuerte Lebensbund hat trotz mancher Anfechtung und neuen Versagens bis heute gehalten. Ja, auch die geschäftlichen Schwierigkeiten lösten sich. Jesus will tatsächlich dem ganzen Menschen helfen. Ihm ist nichts zu viel und nichts zu wenig. Seine Macht reicht bis in unser äußeres tägliches Leben hinein. –

Oft muß ich an die beiden in München denken. Dann ist mir's immer, als rufe der Herr selbst uns zu: »*Bleibt* bei mir, denn ohne mich könnt ihr nichts tun!« –

Immer, wenn ich an das Heilungswunder denke, das an Annemarie geschehen ist, tritt mir auch Kurtchen vor Augen. Er wurde eines Tages auf Schwester Annis Kinderstation für ansteckende Krankheiten eingeliefert. Seine Eltern hatten mit ihm in Italien herrliche Ferien verbracht. Auf der Rückfahrt erkrankte er schwer an spinaler Kinderlähmung. Jetzt stand es sehr schlimm um Kurtchen, der in der ganzen Abteilung bei Kindern und Pflegepersonal sehr beliebt war. Alle trugen mit an der Sorge der Eltern, stand Kurtchen doch kurz vor einer Atemlähmung. – In dieser Notlage rief Schwester Anni mich an, ich sollte gleich zu Hilfe kommen; sie kannte mich gut von einem Jungschwesternkreis her. Dort hatte ich von der wunderbaren Heilung der spinalgelähmten Annemarie berichtet. Diese Tatsache machte ihr Mut. Auf ihren Anruf hin eilte ich sofort in die Kinderklinik. Zuerst zog man mir einen weißen Arztkittel an. Dann wurde ich nach einem kurzen Lagebericht zu Kurtchen geleitet. Kurz sprach ich mit dem Zehnjährigen. Ich erzählte ihm von dem großen Kinderfreund Jesus, was er für große Taten getan habe und noch immer tue. Schließlich fragte ich ihn: »Kannst Du Dir vorstellen, daß Er auch Dir helfen will?« – Kindlich und direkt antwortete Kurtchen mit einem runden *Ja!* . . .

Weiter fragte ich, ob ich mit ihm zusammen zu diesem hilf-reichen Kinderfreund Jesus beten dürfe. Auch dazu sagte er Ja. Und dann riefen wir zusammen den Heiland um Hilfe an. Wenige Stunden nach meinem Besuch rief Schwester Anni hocherfreut und dankbar an. Es war eine merkliche Besserung im Befinden des arg gefährdeten Kindes eingetreten. Nach wenigen Wochen war er außer Gefahr und konnte entlassen werden. Und bald danach stellte er sich gehend seinen Ärzten und Schwestern vor. Wir waren um ein Abenteuer mit Jesus reicher geworden. Ihm sind wahrhaftig keine Grenzen gesetzt. – Er war der einzige, der wirklich helfen konnte . . . und er bleibt auch der einzige!

AUSBLICKE

Wie eine Schauspielerin scheidet

Vierzehn Jahre lang war ich Seelsorger an verschiedenen Krankenhäusern in Mannheim. Zu ihnen gehörte auch die Bassermannklinik mit etwa 220 schwer Lungenkranken – meist mit offener Tuberkulose. – Diese meine kleinste Klinik brachte mitunter die größten Belastungen und Überraschungen. So wurde ich eines Tages schon an der Pforte alarmiert: *Sofort* auf Zimmer 23 kommen! Dort liegt eine junge Schauspielerin, die Sie unbedingt sprechen will. Als ich ankam, lag vor mir ein bildschönes junges Mädchen mit einer Haut wie Milch und Blut.

Darum war es mir zunächst ganz unverständlich, als sie mir sagte: »Ich habe Sie rufen lassen, weil ich bald sterben muß –

helfen Sie mir!« – Aus zwei Gründen war ich so erschüttert, daß ich zunächst kein Wort sagen konnte: Erstens sah die Patientin durchaus nicht nach Sterben aus, und zweitens hatte noch kaum je ein Patient so kurz und sachlich mit mir über das Sterben gesprochen. Und das sollte eine Schauspielerin sein? Hier blieb mir nur das Stoßgebet: »Herr – ich bin überfordert. Hilf mir, daß ich genau so sachlich antworten kann, wie ich eben gefragt wurde ...« Soweit ich mich heute noch erinnern kann, sagte ich dann etwa folgendes: »Was Sie von mir erwarten, ist nichts anderes, als den Weg zum Heil – wohlgemerkt: nicht zur Heilung – zu erfahren.« Und dann fing ich an, diesen Heilsweg kurz und bündig vor ihr zu entfalten. Dabei richtete ich mich nach den Grundzügen des Alten und Neuen Testamentes. Ich erzählte meiner Patientin von Gottes heiligem Schöpferwillen – von seinem guten Plan mit jedem Menschen. Von der wilden Zerstörungskraft der Sünde.

Hier unterbrach sie mich zum erstenmal: »Was ist Sünde?« – Ich bekannte aus meinem Leben: »Das ist alles Große und Kleine, Böse *und* Schöne, was mich von Gott, der Quelle alles Lebens, getrennt hat und noch trennt.« – Sachlich und nüchtern sagte sie: »Fahren Sie fort, denn das ist meine Lage. *Hier* brauche ich Ihre Hilfe!« Ich entgegnete: »Diese notwendige Hilfe kann *ich* Ihnen nicht geben. Aber ich will Ihnen gern sagen, *wie* Sie zu dieser Hilfe, die Sie brauchen, kommen können ...« So erzählte ich ihr von Jesus, dem einzigen Reinen auf dieser Erde, von seinem Leben und Wirken; dann von seinem Leiden und Sterben, von seinem blutigen Tod. Da die Patientin wenige Tage vorher zwei oder drei Lungenblutstürze gehabt hatte, wagte ich es, so blutnah von Jesus zu sprechen – also auch von der Macht und Gewalt seines Blutes. Ich merkte, das war ihr alles ganz fremd, aber offensichtlich interessierte sie, was ich da stammelte. Ich teilte ihr meine persönliche Erfahrung mit, daß nur *dieses* – nur dieses Blut tatsächlich jeden Schaden gutmachen kann. *Diese* »Bluttransfusion« sei noch wichtiger als die, die sie bekommen habe.

Da meine Zuhörerin sehr schwach war, verteilte ich diese Schritte auf dem Heilsweg jeweils nach ihrer Aufnahmefähigkeit auf mehrere Gespräche. Sie wurde von Mal zu Mal aufgeschlossener und offenherziger. Der letzte Wegweiser auf diesem Pfad hieß etwa so: »Vergessen Sie eines nicht: Da ist noch eine Kraft – unsichtbar, aber sehr wirksam: der Heilige Geist. Von ihm wissen wir in der Hauptsache eins: wenn wir nicht mehr können, dann ruft – ja dann schreit – er für uns zu Gott. Und dies alles gilt Ihnen – wie mir – ganz persönlich!« –

Nach vielleicht drei Gesprächen kam sie mir eher frischer und gar nicht angestrengt vor. Wie man so sagt: die Lebensgeister regten sich in ihr. In Wahrheit war sichtlich eine überirdische Kraft auf sie übergegangen. Das bestätigten mir auch Ärzte und Schwestern. Nach meinen einführenden Gesprächen und ihren knappen, immer sachlichen Rückfragen kam *ihre* Reaktion auf alles Gehörte. Sie sagte: »Nun haben Sie mir alles deutlich gesagt, welcher ungeheure Aufwand für mich geschehen ist. Meine einzige Frage zum Schluß heißt: und was kann nun ich dazu tun, daß ich wirklich selig sterben kann?« –

Es kam mir vor, als sei ich fast 2000 Jahre zurückversetzt in jenes ganz andere »Behandlungszimmer« im Gefängnis der griechischen Hafenstadt Philippi, in dem der Apostel Paulus von einem Mann ähnlich gefragt wurde. Wer es nachlesen will, schlage das 16. Kapitel der Apostelgeschichte auf. Ich erzählte ihr diese Geschichte und schloß dann mit dem Satz aus der Bach-Arie: »Greifet zu, erfaßt das Heil!« – Sie rief: »jaaa, dazu bin ich bereit. *Aber* da sind eine ganze Menge von Hindernissen, die mich am Zugreifen hindern: Menschen, Ereignisse, Irrwege – kurz: meine großen und vielen Versager!« – Meine Antwort: ich ahne das, weil ich mich kenne. Damit wir nun zu einem guten Ende kommen, lasse ich heute einen gedruckten

Fragebogen Gottes zurück. Er hat schon vielen in Ihrer Lage geholfen. Lesen Sie ihn aufmerksam durch. Wenn Sie Ihre Antworten behalten können, ist es gut. Wenn nicht, dann schreiben Sie sie kurz auf. Das nächste Mal sehen wir dann weiter ...« Als ich fertig war, bat sie mich noch um ein Gebet für sie und sank dann ermattet in ihre Kissen zurück. Ich aber spürte deutlich: das war keine Erschöpfung, sondern ein tiefes Aufatmen vor dem entscheidenden letzten Schritt.

Um sie zu schonen, wollte ich ihr einige Tage Zeit lassen. Aber schon am nächsten Tag ließ sie mich rufen. Ich bangte um sie – war es vielleicht doch zuviel für sie gewesen? – Aber beim Betreten ihres Zimmers erkannte ich sofort den wahren Grund ihres Rufes: Sie wollte reinen Tisch machen! – Der Fragebogen Gottes lag ausgefüllt vor mir. Sie wollte alles loswerden. So hörte ich still und bewegt ihre Lebensbeichte an. *So* radikal, so bis auf die tiefsten Wurzeln gehend, hatte ich noch wenige beichten hören. Jesus, der Heiland aller Sünder, war ihr ganz persönlich begegnet. Als sie alles vor ihm ausgebreitet hatte – ich war nur stiller Zuhörer und Zeuge – atmete sie tief auf und legte sich schwach, aber unsagbar frei und froh zurück. Da konnte auch ich nur »Amen« sagen, denn hier hatte Er selbst ein verirrtes Kind gesucht *und* gefunden. Ich konnte ihr noch die Hand auflegen und ihr im Namen des dreieinigen Gottes die Vergebung aller ihrer Sünden zusprechen. Dabei gab ich ihr als Losung für ihre letzte Wegstrecke *und* für ihren nahe zu erwartenden Heimgang das Wort mit: »Fürchte dich nicht, denn Ich habe dich erlöst – Ich habe dich bei deinem Namen gerufen. – Du bist Mein!« – Als ich ihr Zimmer verließ, lag eine unaussprechlich tiefe Freude auf ihrem Gesicht. Alle Zerrissenheit war gewichen. Viele in der Klinik nahmen teil an diesem Geschehen – auch Ungläubige.

So war nun Dagmar im Tiefsten fröhlich und zum Sterben bereit. Aber noch wollte sie Gott nicht heimholen. Wider alles

Erwarten schleppte sich ihre Krankheit noch wochenlang hin. Ob Gott noch etwas mit ihr vorhatte? Fast schien es so, mußte sie doch noch durch manche Prüfung und Anfechtung hindurch. Gottes Kinder haben eben durchaus nicht immer ein »Happy-End« zu erwarten. Vor allem seine Heimkehrer nimmt er mitunter noch tief unter sein Kreuz. So mußte auch Dagmar noch schwer unten durch. Ja, wie die Augusthitze vor der Ernte unerbittlich über dem Getreide brennt, bis es für die Einfahrt reif ist, so unerbittlich heiß geht es hier und da her, bis auserwählte Menschen als reife Garben in die ewigen Scheunen eingeholt werden.

Zuletzt war es so, daß alle für Dagmar um Erbarmen flehten. Hier wurde – auch bei mir – alle falsche Siegeszuversicht zerschlagen. Und das Kreuz allein wurde groß.

Aber von der so langsam und qualvoll Sterbenden strahlte in diesen ganzen Wochen eine solche Heilsgewißheit – auch auf ihre Mutter, ihre Pflegerinnen und Besucher – aus, daß sie noch manchem zum Segen wurde. Schließlich durfte sie still und selig heimgehen. –

Ich habe ein Wort

So hat er immer zuerst gesagt – mein guter Freund Gustav *Busse* aus USA – wenn er in Deutschland zu uns sprach . . .

Wie kam er zu uns? – Das ging so zu: Ein junger Freund hatte in den Vereinigten Staaten viel über unsere Arbeit mit einem Expertenteam von Frauen, Männern und Jugendlichen berichtet. Wenn es sich irgend einrichten ließ, zogen immer ein junges Ehepaar, ein Jurist, ein Arzt, ein Arbeiter und ein Fabrikant, eine Witwe und einige junge Leute mit mir los. Wenn wir dann alle miteinander im Halbkreis vor unseren Zuhörern saßen, verkörperten wir eigentlich schon das, was wir anschließend mit unserem gemeinsamen Zeugnis zum Ausdruck bringen wollten. Wir waren eine Familie im Dienst Jesu Christi. Nichts anderes sollten auch unsere Zuhörer werden. Dazu wollten wir sie anleiten.

Nach unseren Vortragsabenden zeigte es sich, wie hilfreich ein solches Expertenteam ist. Wenn wir nämlich mit unserem Zeugnis die Herzen der Zuhörer erreicht hatten, meldeten sich allemal so viele zur Aussprache, daß der Vortragende allein diesem Ansturm niemals gewachsen gewesen wäre. So aber verteilten sich die Aufgeschlossenen ganz organisch auf die einzelnen Berufe und Stände unserer Mitarbeiter. Eine trostlose und vereinsamte Witwe suchte den Rat unserer Mitarbeiterin. Ein Kranker erbat die sachverständige Hilfe unseres Arztes. Wo es um Streit und Rechthaben ging, wandte man sich an unseren Juristen. Ehefragen besprach man gern mit Ehepaaren. In sozialen Fragen hörte man Näheres aus dem Lebenskampf unserer Arbeiter und Fabrikanten. –

Der Bericht unseres Mitarbeiters über diese Arbeit erweckte sofort in zwei jungen amerikanischen Pfarrern den Wunsch, das alles einmal persönlich näher kennen zu lernen. Zunächst kam einer von beiden – eben Gustav Busse – für einige Monate herüber und reiste mit uns durch Süd- und Norddeutschland und auch durch die Schweiz. Bald bemerkte ich eine Besonderheit an ihm: Jedesmal, wenn er ein Wort aus seiner in Leder gebundenen Bibel las, sagte er: »*Ich habe ein Wort!*« – Damit meinte er zunächst den gerade aufgeschlagenen Text, mit dem er uns grüßen wollte. Außerdem dachte er aber auch an die innere Botschaft, die er uns allen mit auf den Weg geben wollte. – Mit beidem machte er uns allemal reich und glücklich. So wurde er bald in einer ganz besonderen Weise unser Freund, Bruder und unentbehrlicher Mitarbeiter.

Als seinen besonderen Auftrag in unserer Mitte betrachtete er es als Angehöriger der Weltmächte, die uns besiegt und ja auch zerstört hatten, jetzt den Gemeinden zu sagen, was er als Christ zu alledem denke. Dabei lag ihm nicht daran, sein Land und dessen Verbündete rechthaberisch zu verteidigen; im Gegenteil, er scheute sich nicht, auch für sich und sein Volk offen Buße zu tun und um Vergebung zu bitten. Dadurch wurde viel Haß und Bitterkeit überwunden.

So geschah es auch in Königsfeld im Schwarzwald, wo die Brüdergemeine zu Hause ist. Unsere geistliche Woche dort war verbunden mit einer Freizeit für Suchende. Durch beides erlebte die kleine Gemeinde einen inneren Aufbruch besonderer Art. Weit über hundert Menschen ganz verschiedener Altersstufen und Berufe lieferten sich Christus als ihrem Herrn aus. In etwa 26 kleinen Kreisen sammelten sich die Erweckten zum Austausch unter Gottes Wort und zur Gemeinschaft im Gebet. Dieser Dienst war für meinen Freund Pfr. Fritz Eichin und mich Gnade, Freude und neue Aussendung zugleich. Ein Frühling mitten im Winter brach in Königsfeld an und machte aus dieser weitbekannten Gemeinde aufs neue eine wirkliche Brüdergemeine. Diese kleinen Kreise bestehen z. T. heute noch oder heute wieder . . .

In einem dieser Kreise saß auch eine Witwe aus Mannheim. Dort hatte sie ganz zum Schluß des Krieges *alles* verloren: ihr großes Haus wurde bei einem Luftangriff amerikanischer Flugzeuge völlig zerstört, wobei auch ihr Mann ums Leben kam. Während wir alle noch von Gottes Wort erfüllt waren, brach aus dieser Frau heraus, was bisher unausgesprochen in ihr verborgen war: ihr Schmerz über all das Verlorene und auch der Groll und Haß gegen die Amerikaner . . . Kein menschliches Wort konnte hier helfen. Das spürten wir alle. –

Wieder war es unser Freund Busse, der hier das lösende Wort sprach. Tief bewegt beugte er sich vor dieser Frau ohne jede Einschränkung unter die Schuld auch seines Volkes. Aus seinem ganzen Wesen sprach eine solche Liebe, daß die verbitterte und verzweifelte Dame dadurch selbst erschüttert und völlig verwandelt wurde. Sie lud uns zu sich ein und legte in unserem Beisein vor Jesus ihren Haß nieder. Von da an war und blieb ihr Leben neu. –

Ja, so war es: Unter dem befreienden Wort von Jesu versöhnender Liebe wurden unsere Freizeiten immer zugleich auch zu Pflanzstätten neuer Gemeinschaft untereinander. Denn nur unter Jesu Kreuz werden Menschen wirklich neu, in sich und auch untereinander. Das war das Geheimnis des Wortes, das gerade auch unser Freund Busse in so besonderer Weise hatte. Das meinte er letztlich immer, wenn er unter uns zu sprechen anfing: »Ich habe ein Wort.« –

Mit einer persönlichen Erfahrung schließe ich diese Erinnerung ab: Als Krankenhausseelsorger in Mannheim wurde ich einmal mitten in der Nacht zu einem Schwerverletzten gerufen. Dieser Mann, ein steinreicher Unternehmer von etwa vierzig Jahren, hatte für »die Sache mit Gott« – wie man das heute nennt – nie eine Stunde Zeit gehabt. Er hatte mit seiner ganzen Familie alles Fromme stets und eindeutig abgelehnt. Aber nun lag er – nach einem Autounfall – fern seiner Heimat fest. Nur seine Frau und seine Schwester umstanden weinend sein Bett. Es ging mit ihm sichtlich zu Ende. Darum wollten die frommen Ordensschwestern des Heiligen Vincenz von Paul diesen so reichen und doch so armen Mann nicht unvorbereitet in die Ewigkeit ziehen lassen.

So war ich nun also bei ihm. Wie durch ein Wunder sprang gleich beim ersten Besuch zwischen uns beiden ein Funke über. Am Schluß unseres Gesprächs, während dessen offensichtlich der große Heiland aller Kranken selber unter meinen armen Worten mit dem Kranken geredet hatte, sagte ich zu ihm, auf die Apparate und Instrumente deutend, die alle zu seiner Rettung eingesetzt waren: »Wissen Sie, *ich* kann Ihnen keine solchen Hilfen bringen wie diese Technik und alle ihre Medizinen

– ich habe nur das Wort und sonst nichts!« . . . Darauf antwortete der Schwerkranke, der in dieser halben Stunde innerlich offensichtlich viel erfahren hatte: »*Aber was für ein Wort!*« Mit diesem kurzen Satz faßte er in unüberbietbarer Kürze und Präzision unsere erste Begegnung zusammen. – Er zeigte, daß er auf dem Weg zu Christus war und nun wußte, worum es ging.

Ich aber ging dankbar durch die Nacht nach Haus. Dankbar für ihn, daß er von dem Wort über alle Worte erfaßt war; dankbar auch für mich, daß ich dieses Wort wie einen großen Schatz verwalten und zuteilen durfte. Gibt es doch für einen Christen nichts Größeres, als daß er sich und anderen sagen kann:

Ich habe ein Wort – eine *frohe* Botschaft!

Facharzt für Ärzte

Unsere Ärzte sind eigentlich arme Leute. Sie selbst müssen dauernd anderen Menschen in ihren tausend Nöten helfen. Und wer hilft ihnen, wenn Not am Mann ist? – In fast allen anderen Berufen steht Hilfe bereit: für uns Pfarrer denke ich zum Beispiel an Erich Schnepel * – einen Mann ohne alle Ehren und Würden. Und dennoch einen von Gott ausgewiesenen Seelsorger für Seelsorger.

Dann könnte man gut eine Reihe von Missionen oder ähnlichen Arbeiten nennen, die alle für ganze Stände sorgen – aber wer kümmert sich um unsere überforderten Ärzte bis hin zu den großen Kapitänen der Medizin in Wissenschaft und Praxis? Jeder will etwas von ihnen. Und wie einsam sind sie oft, ganz gleich, ob sie auf dem Dorf, in der Klein- oder Großstadt tätig sind!

---

* Erich Schnepel »Ein Leben im 20. Jahrhundert«, 2 Bände, R.Brockhaus Verlag, Wuppertal, 1966.

Gewiß können auch unsere Ärzte zu ihren Chefs oder zu anderen Kapazitäten gehen und sich beraten lassen. Aber wer nimmt sich ihrer Ängste, ihres inneren Menschen an? Mit der üblichen fachärztlichen Behandlung und Beratung ist da oft noch lange nicht geholfen. Da müßte ein ganz anderer Facharzt her; nämlich der, der gesagt hat: »Ich bin der Herr, dein Arzt!«

Einiges von dem erfuhr ich im Umgang mit einem *Professor der Medizin* in einer norddeutschen Universitätsstadt. Er nahm sich während unserer geistlichen Woche jeden Abend – mitunter auch noch nachmittags – viel Zeit zum Hören der Botschaft und darüber hinaus auch zu tiefgreifenden Aussprachen. Am Ende der Woche wäre er am liebsten mit uns weiter durch Deutschland gezogen. »Könnt ihr mich gebrauchen?« so fragte er uns. »Wenn ein Professor erwacht ist, braucht er auch so eine Lebensgemeinschaft, wie Ihr sie praktiziert.« Leider ließ sich dieser außerordentliche Plan dann nicht durchführen, so daß er zum Schluß fast traurig sagte: »Und dabei braucht Ihr mich und ich Euch *so* nötig!«

Wie recht hat er doch! Gewiß, wir haben Akademien ... *Eigentlich* hatten *sie* nach der Absicht ihrer Väter und Gründer vor allem die Aufgabe, Akademikern und Intellektuellen aller Art eine geistliche Heimat zu bieten und ihnen dabei die Kraft zu einem neuen Leben mit Christus zu vermitteln. *So* wollten es Landesbischof Wurm, Karl Heim und Eberhard Müller. Aber Besucher, die hinempfohlen wurden, betonten hinterher oft folgenden Eindruck: »Alles erstklassig, aber wenig Seelsorge!«

Weithin werden auf unseren Akademien geboten: Informationen, geistige Anregung, Erkenntnisse; mit einem Wort: Nahrung für den Intellekt. Dieser darf bei Akademikern nie zu kurz

---

* D. Karl Heim »Weltschöpfung und Weltende«, Aussaat Verlag Wuppertal. 3. Aufl., herausgegeben von Hans Martin Niedermeier 1952, und Adolf Köberle »Karl Heim, Denker und Verkündiger aus ev. Glauben«, Furche-Verlag Hamburg, 1973.

kommen. *Aber*, wenn heute in unserer eschatologischen, das heißt also vom Ende her bestimmten, Zeit Seelsorge fehlt, dann erkranken wir notgedrungen an geistlichem Skorbut. Und das ist wohl die ärgste Mangelkrankheit, die es gibt.

Vielleicht hat diese Erkenntnis in der Pfalz und in Baden, in Bayern wie auch im Norden dazu geführt, daß zusammen mit vielen Suchenden auch eine ganze Reihe von Ärzten zum Besuch unserer Tagungen, Freizeiten und Wochenenden gelockt wurde. Da ich mich seit meiner Studienzeit vielen großen Ärzten vom Leiblichen und Geistigen zu Dank verpflichtet fühle, empfand ich es in dieser Situation als Auftrag, besonders für Ärzte und ihre Familien bereit zu sein . . .

In diesem Zusammenhang denke ich nicht nur an den bereits erwähnten Universitätsprofessor, sondern auch an einen *Oberarzt*, von dem ich jetzt noch berichten will: Wir saßen anläßlich unserer ersten Ärzte-Pfarrer-Tagung beisammen, als ein Arzt-Ehepaar unseren Raum betrat. Auf den ersten Blick sah man: hier kommen zwei schwerbeladene Menschen. Auf Grund irgendwelcher Beziehungen waren sie zu uns gestoßen. Abends bei der Vorstellung merkten wir: hier tut Hilfe *not*. Ganz ungezwungen und wie von selbst kam es zu tiefgehenden Aussprachen je allein mit Mann und Frau. Als wir dann zu dritt alles zusammenfaßten, wurde es den beiden Eheleuten geschenkt, sich ganz an Jesus Christus, den Arzt aller Ärzte, anzuschließen.

So ergab sich für uns drei eine enge geistliche Verwandtschaft. Auch mit den übrigen Tagungsteilnehmern wuchsen wir zu einer wunderbaren Gemeinschaft zusammen, die eine unbeschreibliche Familienatmosphäre ergab. Bald sollte es sich zeigen, daß diese sich nicht nur in tiefer Freude, sondern auch im herben Leid zu bewähren hatte. –

Zuerst kam die Freude. Über Silvester und Neujahr verbrachten wir in Bad Bergzabern eine selten schöne und ertragreiche

Familientagung. Sicher hatten manche an das Opfer meiner kranken Frau gedacht, die mich für diese Tage freigab und leider selbst nicht dabei sein konnte. Aber *gesagt* hat es nur *ein* Menschenkind, eben die Frau unseres Oberarztes. Auf die Minute um 24 Uhr ergriff sie ihr Glas und bat den großen Geschwisterkreis, auf das Wohl meiner fernen Frau anzustoßen. Dann betete sie für meine Familie, für unsere Tagung und für unser aller Zukunft. – So etwas brachte wohl nur ein edles Frauen- und Mutterherz fertig. Es war – wenn ich mich recht erinnere – der persönlichste Beitrag zu unserer Bergzaberner Silvester- und Neujahrsfreizeit. –

Und das Herzeleid? – Beim Abschied baten beide, der Oberarzt und seine Frau, um eine besondere Segnung für ihre nächste Zukunft: Sie mußte gleich anschließend nach Heidelberg in die Czerny-Klinik. Dort wurde schrecklicherweise ein unheilbares Krebsleiden festgestellt. Immer wieder umstanden wir betend ihr Bett und rangen gemeinsam mit den Ärzten und Schwestern um ihr kostbares Leben.

Es war für uns alle eine gewaltige Predigt ohne Worte, *wie* sie, die noch vor wenigen Wochen trostlos ihre Angst mit sich herumgeschleppt hatte, *nun* ihr schweres Kreuz trug – ein hohes Vorbild für uns alle. Ihr Wunsch war, daß sie auf ihrem heimatlichen Bergfriedhof in der Pfalz neben ihrem Töchterlein zur letzten Ruhe gebracht werden sollte. Und ihr Hauptanliegen: es sollte keine Trauerversammlung werden. Sie wünschte sich mitten im kalten stürmischen Herbst das pfingstliche Lied »Schmückt das Fest mit Maien«, das den 118. Psalm fröhlich umsingt. Vielen ging damals auf dem stillen Friedhof auf, *daß* Er tatsächlich der Tröster der Betrübten und durch alle Finsternis hindurch unser Licht ist.

Diese Bruderschaft mit vielen Ärzten und ihren Familien bewährte sich auch in der vielerorts bestehenden Arbeitsgemeinschaft »Arzt und Seelsorger«. Im Zusammenhang damit lud mich eines Tages die große Spezialklinik, in der »mein« Oberarzt wirkte, zu einem Tag der Zusammenarbeit ein. Nach einem feierlichen Empfang durch den Chefarzt und seine große Ärzteschaft dankte ich für die feine Begrüßung, indem ich auf ihre weißen »Talare« hinwies, die sie mit meinem schwarzen verbänden. Dann folgte ein Gottesdienst mit den Patienten, soweit sie kommen konnten, mit ihren Ärzten, Pflegern und Schwestern und den kranken Kindern. Das war eine ebenso schwere Aufgabe wie wunderbare Gelegenheit, vor ihnen allen von dem zu sprechen, der unser aller Arzt und Heiland ist.

Höhepunkt des Tages aber war für »meinen« Oberarzt und mich ein gemeinsamer Dienst an einigen dazu besonders ausgewählten Patienten. Nachdem ich jeweils kurz informiert worden war, kam der Kranke herein, damit ich ein Gespräch vor dem Arzt mit ihm führen konnte. Danach folgte unter vier Augen jeweils eine kurze »Manöverkritik« von seiten des Arztes, in der er zum Ausdruck brachte, was ihm an meinem Gespräch mit dem Kranken in positiver oder negativer Hinsicht wichtig erschienen war. Hierauf folgte das Gespräch des Arztes mit dem Patienten, worauf ich zum Schluß noch Gelegenheit hatte, meinerseits Kritik oder offenstehende Fragen vorzubringen.

Nun komme ich noch zu unserem *Unterarzt*. Er hat bisher die weiteste Ausstrahlung von allen Ärzten, die wir in den letzten Jahrzehnten durch Tagungen oder andere Begegnungen erreicht haben. Das kam so: Auf dem Thomashof bei Karlsruhe, im Heim der Mennoniten, hielten wir unsere erste Ärztetagung auf seelsorgerlicher Grundlage. Prof. Siebeck – Heidelberg, der bekannte Internist, war auch in unserer Mitte. Beim Begrüßen der Gäste fiel mir ein junges Ehepaar auf, das in einem Waschkorb gemeinsam eine verborgene aber offenbar sehr wichtige Last trug. Bald kam es heraus, daß ihr erst wenige Tage altes erstes Kind im Korb lag. Sie wollten beide ungetrennt und zusammen mit ihrem Baby unsere Ärzte-Pfarrer-Tagung miterleben. Freudig erlaubten wir ihnen die Teilnahme zu dritt und ernannten ihr Kind zum jüngsten Tagungsteilnehmer. Auch der gastgebende Thomashof freute sich mit . . . Es fügte sich so, daß dieses junge Ärzteehepaar in diesen Tagen den Entschluß faßte, sich Jesus Christus als dem Herrn ihres Lebens zur Verfügung zu stellen.

Für den jungen Unterarzt, der gerade aus Krieg und Gefangenschaft heimkam, ging es um die Frage, ob er so spät noch sein begonnenes Medizinstudium vollenden oder ob er lieber die angeheiratete Zementfabrik übernehmen solle . . . Unsere Tagung wurde für beide zu einer Aussendung in ein Leben voller Spannung: mit beidem – vollendetem Studium *und* Fabrik – das Maximum für Jesus zu wagen. Die erste Folge der Hingabe dieses jungen Paares war der Bau und die Einrichtung der Langensteinbacher Höhe als Konferenzstätte für Christen der verschiedensten Prägungen. Zusammen mit dem Werden dieses großen Werkes entstand eine Schwesternschaft, die nie Mangel an gläubigen jungen Menschen hatte. Sie drängten sich zum Dienst, weil sie sich dazu gerufen wußten. – Später kam dann ein großes Krankenhaus dazu. Aber dieses mußte nach manchem Hin und Her in die Hand einer Gemeinschaft von verschiedenen Verbänden gelegt werden. Das waren schon Abenteuer mit Jesus! Und unsere drei Ärztepaare haben bis zur Stunde nicht ausgelernt, sondern lernen und üben immer neu von Grund auf das große Geheimnis der Führung durch den Facharzt aller Ärzte.

Karl der Große mitten unter uns

Wie soll Karl der Große, der vor etwa 1200 Jahren gelebt hat, mitten unter uns sein? Nun, ich denke weder an einen großen Kaiser noch an sonst irgendeinen starken Mann. Denn der Karl, den ich meine, ist ganz anderer Art. Das Große seines Lebens ist, daß mit Gottes Hilfe aus einem elenden, schwachen, leidenden Leben etwas Besonderes wurde. Das wird von Ministern, Oberbürgermeistern, Beamten, bis hin zu heimatlosen Männern und haltlosen Trinkern anerkannt. *Wie* ging das zu? –

Es begann damit, daß Karl als Kind an Hirnhautentzündung erkrankte. Am Anfang unseres Jahrhunderts war das noch eine lebensgefährliche Sache. Die meisten Kinder starben an dieser Krankheit. Die wenigen, die sie überlebten, wurden geistesschwach und berufsunfähig, lebenslängliche Pflegefälle. So schien auch Karl zunächst ein lebenslänglicher Pflegefall zu werden. Trotz lieber Eltern und Geschwister, die sich alle Mühe mit ihm gaben, hatte Karl eine schwere, mitunter sogar verzweifelte Jugendzeit. In der Schule war er das Gespött seiner Kameraden. Seine Lehrer verstanden es nicht, dieses schwache und kranke Kind innerlich mitzunehmen. Das alles machte ihn so verzagt, daß er einen Selbstmordversuch unternahm: er wollte sich vor eine fahrende Straßenbahn werfen; aber das gelang nicht. Oder hatte schon damals ein Größerer nach ihm gegriffen? – Die Bibel sagt: »Was schwach ist vor der Welt, das hat Gott erwählt – die Gewaltigen stößt Er vom Stuhl und erhebt die Niedrigen.«

Aber dieser Weg war noch weit, er ging oft tief unten durch. Eines Tages fand Karls Mutter den ersten Schritt zur Hilfe: sie schickte ihren kranken Sohn zu Vater Seitz nach Teichwolframsdorf. Dieser Mann hatte – ähnlich wie Pfarrer Blumhardt und Vater Stanger in Möttlingen und Samuel Zeller in Männedorf am Züricher See – die seltene Gottesgabe, Hilflose und Kranke zu heilen. Genau das geschah an Karl. Zwar wurde er nicht sofort ein kerngesunder Mensch. Das wurde er nie in seinem Leben. *Aber* er konnte nun besser sprechen und gehen *und* vor allem hilfreich an andere denken. So kam es zum ersten Durchbruch in seinem Leben.

In jener Zeit hatte er in allen seinen körperlichen und seelischen Bedrängnissen nur eine Zuflucht: das war der Kindergottesdienst. Wenn sonntags die Kirchentür aufging, die Kinder hereinströmten und womöglich sein Lieblingslied erklang: »Tut mir auf die schöne Pforte, führt in Gottes Haus mich ein, ach wie wird an diesem Orte meine Seele fröhlich sein!« – dann fühlte er sich geborgen. Gewiß, auch hier hänselten ihn die Kinder. Aber der erhabene Kirchenraum, das Wort Gottes und das frohe Lied – dies alles überwog bei weitem seine sonst üblichen Anfechtungen und Kindersorgen. Auch Kinder können große Sorgen haben! – Mit kleinen Dienstleistungen fing sein neues Leben an: er staubte vor jeder kirchlichen Veranstaltung die Stühle ab und wurde auch sonst ein treuer Mitarbeiter des Kirchendieners, des Mesners, wie man ihn in Württemberg nennt. Dieser Mesner wurde allmählich sein Leitbild. Weil Karl wußte, daß er es aus körperlichen Gründen niemals zum Kirchendiener bringen konnte, war es sein höchstes Lebensziel, einmal Vize-Kirchendiener in seiner hessischen Heimat zu werden.

Schon damals brach ein Segensstrom in sein junges Leben ein. Karl litt innerlich mit unter der bitteren Not der Asozialen, die vor den Toren Gießens schlecht untergebracht waren. Fast täglich sah man ihn draußen beim Spiel mit den verschmutzten Kindern und beim Sorgen für Menschen, die dort in großer Armut lebten. Anfang 1933 schien es so, als sei Hitler ein wirklicher Helfer für diese Asozialen. Darum trat Karl sogar in eine Formation ein, um für seine Pflegebefohlenen zu kämpfen.

Der entscheidende Einbruch Gottes in Karls Leben geschah aber durch eine Vortragswoche. Der junge Pfarrer Dr. J. F. Laun aus Okarben hielt sie zusammen mit Mitarbeitern in Karls Heimatgemeinde. Die frohe Botschaft gewann Karls Herz. Auch dem Vortragenden fiel der aufmerksame, geistig lebendige, allezeit hilfsbereite junge Mann auf. Er war offensichtlich zu Höherem bestimmt. Wie eine Bombe schlug eines Tages beim Abstauben der Stühle seine Einladung bei Karl ein. Ferdi Laun sagte: »Karl, Du darfst mit uns fahren. Wir nehmen Dich zu einigen Volksmissionswochen mit. Dabei kannst Du auch Stühle abstauben und vielleicht ... noch etwas mehr helfen!« Mit heller Freude nahm Karl diese Einladung an. Ängstlich und bedenklich war er in seinem Leben nie, eher das Gegenteil ... Also zog er mit Ferdi Laun, Karl Becht, Frau Kern u. a. m. – wie er sagt – »uff Fahrt«, das heißt auf Volksmissionsfahrten.

So kam er 1937 zum erstenmal auch zu uns nach Grötzingen. Er liebte es, in seiner Naziuniform ein schlichtes Christuszeugnis in der Kirche zu geben. Trotzdem gewann er die Herzen. Die Parteigenossen haßten ihn zwar, weil er Jesus und nicht Hitler verkündigte. So zogen sie ihm eines Tages in meinem Pfarrhaus die Uniform aus. Fortan gab er sein Zeugnis als Zivilist. Das hat ihm nichts geschadet, im Gegenteil!

Karl besaß als Geschenk Gottes die Gabe der Deutlichkeit, auch wenn er von der Aussprache her anfänglich noch schwer zu verstehen war. Die Hörer liebten ihn einfach. So zog er einige Jahre mit Ferdi Launs Mannschaft durch Deutschland zu Vortragswochen und Tagungen.

Sofort bei Kriegsbeginn mußte Laun zur Marine einrücken, und mit den Tagungen war es erst einmal aus. Karl geriet aber nicht in berufliche Sorgen. Der Meister aller Menschenfischer, Jesus, hatte ihn offensichtlich berufen. Und da Karl nach Überwindung seiner Kindheitsnöte zu jeder Zeit seines Lebens von einem unerklärlichen Selbstvertrauen erfüllt war, fand er nach kurzem Tasten alsbald seinen beruflichen Weg: Zunächst besuchte er alle Gemeinden und Kreise, die er zusammen mit Ferdi Laun bereist hatte. Überall wurde er freudig aufgenommen und auch finanziell versorgt. Schwieriger wurde es, als Karl den Mut fand, zu heiraten und eine kinderreiche Familie zu gründen. Auf unsere Bitte hin übernahm die Innere Mission, die ja seit ihrer Gründung nicht nur soziale, sondern auch missionarische

Arbeit getan hat, die finanzielle Sicherung seines missionarischen Dienstes. An sie gingen seine Kollekten, und was er sonst an Spenden bekam. Sie zahlte sein Gehalt und seine Auslagen. Wir danken heute noch der Inneren Mission für diese durchtragende Starthilfe.

Als mich die Leitung der Pfälzischen Landeskirche zur Gründung des Amtes für Volksmission und zu ihrer anfänglichen Leitung berief, holte ich mit kirchlicher Zustimmung alsbald Karl als Mitarbeiter in die Pfalz. Wir waren ein eigenartiges Team: mit mir zusammen arbeitete im Büro und an der Front zunächst die Witwe eines Hauptmanns. Friedlich neben ihr Karl Schlagenhof, der noch vor wenigen Jahren Kommunistenführer gewesen war. Neu hinzu kam also nun noch unser Karl; manche nannten ihn den Volksmissions-Bomber, weil er mit großer Stimmkraft und ungeahnter Vollmacht große Fische fing.

Dann aber kam für ihn eine Zeit schwerer Sorgen und tiefer Demütigungen: Nach meiner Rückkehr in den Dienst der badischen Heimatkirche zeigte es sich nämlich, daß mein Nachfolger in der Leitung der pfälzischen Volksmission einen anderen Mitarbeiter hatte. Was sollte nun aus ihm und seiner sechsköpfigen Familie werden? Damals lernten wir das Lutherwort verstehen: »Wer seine Sorgen nicht auf Jesus wirft, der wird ein abgeworfener, umgeworfener und zerworfener Mensch.«

Während wir uns noch den Kopf zerbrachen und den Herrn um Weisung anriefen, erhielt ich eines Tages die Bitte der Inneren Mission in Karlsruhe, ihr bei der Suche nach einem geeigneten Berufsarbeiter für die im Entstehen begriffene Trinkerfürsorge in Mannheim zu helfen. Sofort dachte ich an Karl. Das würde der richtige Mann für diesen so wichtigen missionarischen Dienst sein. Welch eine Freude und Erlösung für uns alle, als mein Vorschlag angenommen und Karl zunächst probeweise mit der Aufgabe betraut wurde! So konnten nun auch wir – ich war inzwischen in Mannheim Krankenhauspfarrer geworden – wieder zusammenarbeiten.

Für billiges Geld mieteten wir alsbald einen Kellerraum in einem durch Bomben zerstörten Haus, wo Karl seine Arbeit an den Süchtigen und Gefährdeten aufnehmen konnte. Ähnlich wie seiner Zeit August Hermann Francke in Halle fingen wir beide die neue Arbeit sozusagen mit nichts an. Bald zeigte sich aber, daß wir doch mehr als nichts hatten: nämlich die Sendung und den Segen dessen, der ein Freund der Gestrandeten, Verachteten und Heimatlosen ist. In Karls verfallener Bude fühlten sich seine Kumpels wie bei ihresgleichen, also zu Hause. Bald hatte er einen Stamm von »Kunden«, die spürten, daß hier die einzige, vielleicht letzte Hilfe für sie war.

Da aber der Regen durch das nur mit Dachpappe abgedeckte Zimmer drang, war der Fußboden dieses seines ersten Mannheimer Versammlungsraumes bald so morsch, daß er eines Tages fast einen Meter tief durchbrach. So mußten wir schleunigst nach einem Raum mit festerer Grundlage Umschau halten. Es fügte sich, daß Karl samt seinen Mannen im Altenheim der Marburger Schwestern einen sauberen, lichten, trockenen und geräumigen Kellerraum bekommen konnte. Zur Einweihung des neuen »Heimes« luden wir die Innere Mission, die Mannheimer Pfarrer und vor allem unsern Dekan ein. Alle faßten jetzt Vertrauen zu unserer Arbeit, die sich immer mehr ausdehnte.

So wurde bald aus der Probezeit eine feste Anstellung. Nun gründeten wir als Träger der Arbeit einen freien Verein, der bis heute die Trägerschaft behalten hat, – oft im Ringen mit Menschen und Organisationen, die sich diesen neuen und so auffallend grünenden Zweig freier Wohlfahrtsarbeit gern an ihren eigenen Hut gesteckt hätten. Das Geheimnis dieses Erfolges war neben dem sichtlich auf dieser Arbeit ruhenden Segen Gottes, daß sie ganz frei und unbürokratisch getan wurde. Auch Geldsorgen hatten wir jetzt nicht mehr, da immer mehr Opfer aus den Gemeinden für diese wichtige Arbeit an den Süchtigen und innerlich Heimatlosen kamen.

Als dann immer mehr Männer allabendlich zu Spiel und Freude und Gemeinschaft unter Gottes Wort kamen, machte sich Karl auf die Suche nach mehr Raum. Vor allem brauchte er neben einem Versammlungsraum auch eine Küche und ein »Kämmerlein« für stille Aussprache unter vier Augen. Dazu brauchte er auch einige Zimmer, wo er wenigstens vorübergehend auch Haftentlassene aufnehmen konnte, die sonst keine Bleibe und Heimat hatten. Im alten zerbombten Mannheimer Diakonissenhaus fand er noch soviel Raum unter Dach und Fach, daß er hier alles Gewünschte und Notwendige beieinander hatte.

Da nun auch die Hilfe für entlassene Strafgefangene dazu gekommen war, fanden sich neben dem Gefängnis immer mehr Geldgeber, auch sorgten die Richter Mannheims dafür, daß Geldbußen für Karls Rettungsarbeit verwendet wurden. Regelmäßige Rundbriefe, die Karl an unsere Freundeskreise im ganzen Land schickte, hatten zur Folge, daß der Spenden immer mehr wurden und die Arbeit sich immer mehr ausweiten konnte. Nun hatte Karl auch schon einen immer größer werdenden Mitarbeiterkreis, so daß er öfter mit einigen von ihnen auch auf Freizeiten fahren konnte, wo es dann zu wunderbaren Lebens-Entscheidungen für Christus kam.

Natürlich feierten wir herrliche Feste miteinander, bald sogar im großen Kirchensaal des Wartburghospizes. Auch meine damals schon schwer leidende Frau tat nach Kräften mit. Sie fühlte sich unter diesen bedrängten Männern besonders wohl. Vor allem ihr starker und von innen her kommender Gesang tat ihr leiblich und seelisch wohl. –

Jetzt wird vielleicht auch langsam deutlich, warum der Name »Karl der Große« über diesem Bericht steht. In der Tat wuchs die Arbeit ins Große und der Raum wurde zu eng. Kein Wunder, daß Karl – erst im geheimen und dann immer offensichtlicher – Ausschau nach einem eigenen, größeren und auch schöneren Heim hielt, zumal nun die Opfer und Spenden für unsere Arbeit aus dem ganzen Land zunahmen. Darum wollte Karl nicht mehr länger verlorene Miete in ein Trümmerhaus stecken. Mit *dem* Geld konnte er schon einen ganz schönen Teil des notwendigen Baukapitals verzinsen. Ich, als Vorsitzender des Vereins, mußte das wohl einsehen, obwohl mir im Gedanken an diese großen Pläne etwas bange wurde. Natürlich wäre es schön, wenn er mit seiner Familie dann auch gleich mit seinen Schutzbefohlenen unter einem Dach zusammen leben und mehr Platz für entlassene Strafgefangene und Heimatlose geschaffen werden könnte. Aber wo sollte das alles hinausgehen?

Doch Karl hatte bald ein geeignetes Haus gefunden, das nach verhältnismäßig geringen Umbauten wohl geeignet sein würde. Immerhin kostete es nach allen Umbauten und Erneuerungen rund eine Million Mark, wurde dann aber auch zu einer in ganz Deutschland einzigartigen Heimat für 100 heimatlose Männer. Wie das Geld zusammenkam, kann ich nur als ein Wunder des Herrn ansehen, der inmitten unserer so materialistischen Zeit immer das Notwendige zufließen ließ. Das Schönste aber war – und es war zugleich die beste Beglaubigung für das so ins Große gewachsene Werk – daß ein- bis zweimal in der Woche 40 Prozent der Hausinsassen aus sich heraus, frei und ohne jeden Zwang, unter Gottes Wort zusammen kamen. Wer die üblichen Stätten solcher Fürsorge für Gestrandete aller Art ein wenig kennt, kann darüber nur staunen.

Dazu kam die außerordentliche organisatorische Begabung, die sich nun immer mehr bei unserm Karl zeigte. Sonst hätten die kirchlichen und staatlichen Stellen auch sicher nicht soviel Geld für dies Unternehmen gegeben. Freilich scheute sich Karl auch nicht, die in Frage kommenden Minister oder ihre Stellvertreter, dazu die führenden Männer in Stadt und Land, in den

Parteien und in der Kirche selbst zu besuchen. Hinter seiner immer noch schweren Zunge und seiner Körperbehinderung stand eine Vollmacht, die auch Fernerstehende nur staunend feststellen konnten.

Das zeigte sich aufs deutlichste bei der Einweihung des neuen großen Hauses. Viele hochgestellte Persönlichkeiten waren geladen und kamen auch. Fast alle Prominenten, die dabei das Wort ergriffen, gestanden offen, daß sie Karl bei seinen ersten Besuchen eigentlich wenig Vertrauen geschenkt und sich durch sein wenig einnehmendes Äußeres fast ein wenig hätten abschrecken lassen. Als er ihnen dann aber sachlich und mit Belegen vorweisen konnte, wie finanziell gesund sein Unternehmen sei, und daß er in wenigen Jahren landauf, landab an die 100 000 Mark an Kollekten und Spenden hereingebracht habe, hätten sie sich der Sache wohl oder übel nicht entziehen können. So durfte ich in meinem Schlußwort die großen »Kanonen« daran erinnern, daß es doch eigentlich unbezahlbar sei, wenn in der heutigen Zeit ein Mann wie Karl mit seiner Frau zusammen sich in ein solches Glaubenswerk hineinkniete. Dazu bat ich sie, neben ihrem Geld auch mit guten und kräftigen Gedanken und Gebeten dieses Werkes, besonders der Kinder Karls in dieser schwierigen Umwelt, zu gedenken. –

Ja, das war ein großer Tag in Karls Leben. Aus kleinsten Anfängen war durch einen schwachen, behinderten Mann in Mannheim ein solches »Millionenwerk« entstanden. Jesus ist eben auch in unseren Großstädten am Werk. Er lebt, sendet und siegt, wo immer es Menschen mit ihm wagen. So handelt es sich bei unserm »Karl dem Großen« eben gerade nicht um menschliche Größe, sondern um den Größten, den Mächtigsten, den Herrn aller Herren, der ihn und seine treue und tapfere Frau zu diesem Lebenswerk berufen und ausgerüstet hat. Er kann auch schwache Menschen groß machen! –

Nur für Sünder!

Noch vor Anbruch des sogenannten dritten Reiches fiel mir eines Tages die erste Auflage des Büchleins »Nur für Sünder« von A. J. Russell* in die Hände. Es gab uns trotz aller theologischen Grenzen dennoch einen deutlichen Eindruck von der Gruppenbewegung, von Frank Buchmann selbst, seiner Mannschaft und der Art ihrer Arbeit. Seither verbreitete ich dieses kleine Werk; und viele lasen es dankbar. Mir persönlich hat es einen doppelten großen Dienst geleistet:

Wir waren in den dreißiger Jahren auf einer Fahrt im D-Zug nach Norddeutschland zu einer wichtigen Sitzung, von der sehr viel abhing. Da in unserem Abteil nur noch *ein* freier Platz vorhanden war, hätten wir gern eine Fahrkarte dafür gelöst, um ungestört während der Fahrt unsere vertraulichen Besprechungen halten zu können. Aber der Zugschaffner ging nicht auf unser Angebot ein. Er bestand darauf, daß dieser Platz für zusteigende Reisende freigehalten werden muß. Das war einleuchtend. Aber die Möglichkeit, daß ein fremder – womöglich gegnerisch eingestellter – Reisender einsteigen und uns stören könnte, bedrückte uns doch sehr. Wir wollten so gern unter uns sein. Da war guter Rat teuer. –

Aber einer unter uns wußte einen hilfreichen Ausweg. Er schlug vor: immer, wenn der Zug hält, und Reisende nach Platz suchend an unserem Abteil vorübergehen, halten wir den knallroten Umschlag des genannten Buches an die äußere Glasscheibe unseres Abteils. Mit Freuden nahmen wir diesen Vorschlag an.

Als dann unser Zug hielt und die neuen Reisenden in den Wagen strömten, hielten wir also unsere »Einladung«: »Nur für Sünder« an unsere Tür. – So ging das x-mal, bis wir im Norden ausstiegen. Raten Sie einmal, wieviele Reisende in un-

* Erschienen im Verlag Karl Bäuerle, Karlsruhe.

ser Abteil kamen? Sie werden staunen: kein einziger! In ein Abteil »Nur für Sünder« steigt so leicht keiner ein . . .

Dieses Reiseerlebnis ist mir sehr nachgegangen. Und ich habe mir meine Gedanken darüber gemacht: Könnte es nicht sein, daß wir Christen alle – und besonders wir Pfarrer mit unseren Mitarbeitern – einen großen Fehler machen?

Es ist doch ohne allen Zweifel so: man könnte mit gutem Grund über das ganze Neue Testament – ja sogar über die ganze Bibel – die Überschrift setzen: »Nur für Sünder«. Denn in dieser Überschrift steckt keine Moral, sondern eine zur Freude rufende Einladung. Nur hat sich leider dieser biblische Tatbestand unter Christen und Nichtchristen noch nicht herumgesprochen. Und doch ist gerade diese verlockende Tatsache: »Jesus ruft die Sünder« die ausgestreckte Hand für jeden Menschen jeder Zeit. –

Das habe ich praktisch an vorderster Front erfahren: In einem der mir zur Betreuung anvertrauten Mannheimer Krankenhäuser lag ein hochbegabter und kritischer Student aus England. Zuerst lehnte er alles ab: Er gab mir keine Hand. Er las keinen Lesestoff, den ich ihm anbot. Aber eines Tages nahm er meine Einladung zu einem Gottesdienst, den ich in diesem Krankenhaus zu halten hatte, überraschenderweise an. Ich predigte über das Wort des Herrn: »Die Starken bedürfen des Arztes nicht, sondern die Kranken . . .« und erzählte dabei zur Auflockerung die oben berichtete Geschichte von dem großen Dienst, den uns das Buch »Nur für Sünder« auf unserer Bahnfahrt geleistet hatte; ich ließ die Patienten auch raten: wer kam in unser Abteil »Nur für Sünder«? Sie rieten alle richtig: Es kam keiner!

Nach dem Segen kam der kritische Engländer auf mich zu, reichte mir seine beiden Hände und sagte klar, laut und für alle vernehmlich: »Aber ich steige ein – was habe ich da zu tun?« Wir vereinbarten einen Termin für unser Lebensgespräch. Und der ehedem so kühle und kritische Engländer verließ sein »Abteil« fröhlich und als ein freier Mensch. Fortan war er nicht nur Christ und Kirchgänger, sondern auch Mitarbeiter, das heißt er kümmerte sich darum, daß Menschen seines Schlages – also vor allem ablehnende Leute – den Weg zu *dem* fanden, der zwar der Todfeind von Sünde, Tod und Teufel ist, aber zugleich jeden Sünder innig liebt, und zwar »mit Verpackung«, wie Hebbel das ausdrückt. Den guten Kern im Menschen – den mag jeder; aber »mit Verpackung« – also mit unseren Unausstehlichkeiten, mit unserer rauhen Schale – so kann nur einer lieben. Und seine Liebe bedeutet unsere Wende.

Wenn in einem gewöhnlichen Gottesdienst das Wunder dieser Lebenswende passiert, dann jubeln – wie Jesus sagt – die Engel im Himmel ... Solche Wende-Gottesdienste mitzuerleben bedeutet allemal ein Abenteuer. Es lohnt sich, einzusteigen!

Der Helfer sendet Hilfen

Genau das haben wir in allen Nöten und Engpässen unseres Lebens jahrzehntelang erfahren: *Nie* waren wir für längere Zeit oder gar endgültig ohne tatkräftige und willige Hilfen ...

In Mannheim waren wir einmal schwer im Druck: Unsere tüchtige Kraft mußte heim zu ihrer kranken Mutter. Fast wäre ich mit zwei kranken Müttern und unserer Kinderschar allein dagestanden. So sandte ich notgedrungen samstags einen SOS-Ruf an eine Pfarrfrau in der Pfalz und rechnete frühestens bis Dienstag mit der Antwort. Aber schon Sonntagabend rief jene Pfarrfrau an: »Hier sitzt ein junges Mädchen, das gern in ein Haus der Inneren Mission oder in ein anderes christliches Haus möchte. Aber es kommt nirgends an. Können *Sie* uns helfen?«

Ist das nicht köstlich? Zwei hilfsbedürftige Menschen schreiben oder sagen einander ihre Not. Und in der Mitte steht der einzigartige Mittler und vermittelt die gegenseitige Hilfe. Jeder Leser kann sich vorstellen, mit welcher Freude ich antwortete. Und ich dachte dabei an die Zusage des Herrn: »Ehe sie rufen, will ich antworten.« Während ich meinen Notruf schrieb, saß dort im Pfälzer Pfarrhaus längst die Hilfe bereit und brauchte selbst Hilfe. Wir waren voller Dank für diesen raschen beiderseitigen Ausweg. Wunderbar und zur rechten Zeit sorgt Er für die Seinen. Ich überlege: Was könnte aus all den überarbeiteten und erschöpften Müttern und ihren Familien werden, wenn sie Anschluß an diese Zentrale fänden, die so einzigartig vermitteln und helfen kann?! –

Als unsere Pfälzer Adelheid dann im Sommer zu ihrer Mutter in die Landwirtschaft zurückmußte, sprang bei uns eine junge Lehrerin ein. Wir wollen sie Frau Hildegard nennen. Täglich kam sie von auswärts zwei Züge früher nach Mannheim. Noch vor ihrem Dienst kaufte sie für uns das Nötigste ein, bereitete unser Frühstück und zog dann frohgemut in ihre Schule. Um uns weiter helfen zu können, lehnte sie alle Beförderungen ab. So unterstützte sie uns jahrelang in großer Treue. Der Herr hatte ihr in einer großen inneren Not kräftig geholfen. Nun hieß es in ihr: Treue um Treue, oder – wie es Otto Riethmüller formuliert hat –: aus Dank und Liebe zum Dienst bereit! –

Es ist vielleicht so, daß mancher Leser resigniert sagen möchte: ich gehöre leider nicht zu den Glücklichen, denen so wunderbar geholfen wird. Antwort: Macht doch erst einmal ernstlich die Probe darauf! Traut doch eurem Gott mehr zu! Wer dem Herrn wenig zutraut, darf sich nicht wundern, wenn er wenig oder gar nichts empfängt! An der nächsten Ecke kann schon der Helfer für dich bereit stehen, den Gott dir senden will. Du mußt ihn nur darum bitten. Freilich muß es auch immer wieder Leute geben, die sich senden lassen. Aber Gott findet immer einen! –

Und jeder, der sich senden läßt, wird reich gesegnet. Das hat auch unsere Hildegard erfahren, die in all den Jahren so große Opfer an Zeit und Kraft für meine Kranken, meine Kinder und mich gebracht hat. Auch ihrer Karriere hat es nicht geschadet. Heute wirkt sie an erster Stelle. Ihre Behörde holte später alles nach, was Hildegard unseretwegen abgelehnt hatte.

In einer Welt, in der Hilfen für Haushalt und Kranke kaum mehr zu finden sind, in der auch die Mutter- und Krankenhäuser fast keinen Nachwuchs mehr bekommen, half Er uns wunderbar und immer wieder aus der Patsche. Einmal, als wir wieder im Druck saßen, annoncierte ich einfach in der Zeitung. Meine Freunde lachten mich aus. »Als ob das so bequem ginge! Das haben andere auch schon vergebens versucht!« Aber, siehe da: Es meldeten sich zehn Bewerberinnen. Wir freuten uns wie Kinder. Es machte uns Spaß, aus sovielen Angeboten wählen zu können. Heute wissen wir: es ging wieder wie damals mit der Pfälzer Adelheid – wieder wollte Er selbst Hilfe nach zwei Seiten schaffen.

Eines Tages kam Schwester Hermine zu uns. Sie hatte schon damals gute Erfahrungen in der Krankenpflege. Mit Hingabe widmete sie sich meiner Frau, die sie bald liebte wie ein eigenes Kind. Ich konnte ihr meine Gerda vertrauensvoll überlassen, um während dieser Zeit erleichterten Herzens meine vielen Kranken zu besuchen. – Erstaunlich war, wie geschwind Schwester Hermine mit unserer großen Wohnung und unserem komplizierten Haushalt fertig wurde. – Etwa drei Jahre dauerte diese schöne Zeit. Dann erwartete Frau Walter, das ist Schwester Hermine, ihr erstes Kind und mußte uns leider verlassen. Aber ihre Bereitschaft einzuspringen wiederholte sich immer wieder, bis zur Stunde ...

Ein andermal erschien ohne irgendeinen Hilferuf unsererseits Schwester Hannelore. Wir kannten sie gut. Sie war Schwesternschülerin in dem von mir betreuten Mannheimer Krankenhaus gewesen und nach wohlbestandenem Examen sofort als Stationsschwester eingesetzt worden. Obwohl sie zu den tüchtigsten Kräften gehörte, überraschte sie uns eines Tages mit ihrem festen Entschluß: ich gebe meinen Schwesternberuf auf und komme zu Euch ... Als treues Glied unseres häuslichen Bibelkreises hatte sie unsere Notlage erkannt und auf ihr Herz genommen. Sogar gekündigt hatte sie schon ohne unser Wissen. Da ihr Vater als Offizier im zweiten Weltkrieg ums Leben gekommen war, sagte sie Mutter und Vater zu meiner Frau und zu mir. Wie ein eigenes Kind half sie uns in schwerer Zeit sieben Jahre lang in großer Treue und Selbstlosigkeit, bis sie heiratete.

Auch wenn wir noch so hilflos und hilfsbedürftig waren, wurden wir immer wieder neu und bestens versorgt. Wir hatten den deutlichen Eindruck: Er selbst sorgt für seine Schwachen und Elenden. Diese eigenartigen, zentralgesteuerten Hilfen scheinen mir den Telefonzentralen in unseren Großstädten zu gleichen. Was diese für einen gewissen Bereich tun, das geschieht in der himmlischen Zentrale für die Menschen des ganzen Erdkreises. Ohne Automatik sorgt da ein warmes Herz ganz persönlich für jeden Notruf, wenn er sich nur in der richtigen Weise an die richtige Adresse wendet...

Ein ganz besonderes und auch überraschendes Geschenk für meine Familie war unsere Schwester Luise. Sie war schon immer ein frohes Kind und eine fleißige Diakonisse. Nach radikaler Hinwendung zu Jesus praktizierte sie in ganz besonderer Weise ein Leben unter Gottes Führung. Im Mutterhaus spürte man das und setzte sie nun gern für besondere Aufgaben ein. So kam sie, als ich in Mannheim auf einem Dienstweg verunglückte und zusammen mit Frau und Mutter mit einer schweren Gehirnerschütterung darniederlag, vom damaligen Diakonissenhausvater uns zur Hilfe gesandt, in unser Haus. Zu allem andern wurde Schwester Luise auch noch zu unserer »Umzugschwester«, wobei sich ihre Treue und Hilfsbereitschaft am deutlichsten zeigte. Das ging so zu: Während ihres Urlaubs stellte es sich heraus, daß unser Umzug in den Ruhestand nach Gengenbach eher vonstatten gehen mußte als ursprünglich geplant war. So saßen wir nun am Tage vor dem Umzug ohne unsere Hilfe da und wußten nicht, wie und wo wir sie rufen sollten. Denn ihre Urlaubsanschrift kannten wir nicht. Als wir so am Vorabend des Umzugs, von einem kurzen Gang in die frische Luft uns recht ratlos wieder unserem Hause näherten, rief meine Frau auf einmal freudig überrascht: »Da vorn an der Ecke steht sie ja, unsere liebe Luise!« – Ja – da stand sie – ohne jedes menschliche Rufmittel. Das himmlische Telegraphenamt hatte sie treffsicher alarmiert – besser, als wir das fertiggebracht hätten. Auf unsere Frage, warum sie gekommen sei, antwortete sie: »Ich ahnte, daß bald Euer Umzug stattfinden wird, bei dem ich sicher wieder nötig bin.« – Sie hatte recht: morgen früh war er. – Ich konnte meine liebe Frau auf den Thomashof der Mennoniten bei Karlsruhe bringen, wo wir immer in allen Notlagen gute Zuflucht fanden. So brauchte sie nicht das Chaos der Auflösung und des Umzugs mitzuerleben. Nach einigen Tagen holte ich sie ins neu und fertig eingerichtete Heim nach Gengenbach . . .

Nicht nur schwer abkömmliche Schwestern, sondern auch überbeschäftigte Männer kann Er entsenden, wenn sie nur hörfähig und lenkungsbereit sind. Für viele nenne ich nur zwei gute Freunde: Otto Zimmermann und Hans Leininger. Immer, wenn in unseren harten Jahren »Not am Mann« war, meldete sich einer dieser beiden an oder stand plötzlich hilfsbereit vor der Tür. Dann rief allemal meine tief beglückte Frau frohgemut durch unseren langen, weiten Gang: »Das ist sicher der Otto.« Und er war es. In seiner stillen Zeit, die er treu jahraus jahrein hielt, war er an uns erinnert worden. Und beim Hans war es ähnlich. Sie lebten das Wort Frank Buchmanns, das etwas erweitert so heißt: »Wenn der Mensch horcht, spricht Gott – wenn der Mensch gehorcht, handelt Gott – und wenn *Gott* handelt, bleiben die Verhältnisse nicht, wie sie sind . . .«

Vielleicht sollte ich jetzt einmal ausdrücklich sagen, daß ich hier – wie überhaupt in diesem ganzen Buch – keine billigen und frommen Geschichten erzähle. Nein: Das sind alles Tatsachenberichte! Und meist war es so, daß wir ohne diese Eingriffe Gottes, die wie Leuchtfeuer an unserm Wege standen, erledigte Menschen gewesen wären. Aber in all den kleinen Nöten, ja auch inmitten der großen Heimsuchungen, die uns getroffen haben, war Gottes Hilfe immer wieder in wunderbarer Weise da, wie das Meisterwerk eines kostbaren und feinen Gewebes, herrlicher als der großartigste Perserteppich der ganzen Welt.

Für den Fall, daß auch meine Leser in ähnliche Notlagen geraten, möchten unsere Erfahrungen ihnen Mut machen, ganz fest auf Gottes unsichtbare und doch gegenwärtige Nähe zu vertrauen und ihn im Gebet beim Wort zu nehmen. Er will alle unsere Sorgen zu seinen Sorgen machen, wenn wir damit zu ihm kommen. Sie würden dann nicht soviel kostbare Zeit und Kraft damit verlieren, hier und da vergeblich nach Hilfe und Rat herumzusuchen, sondern vor allem sich an *den* wenden, der allein wirklich helfen kann. –

Mein Herzschrittmacher

Herzleidend sein ist keine einfache Sache. Weil mein Puls in der letzten Zeit auf 40 und weniger pro Minute heruntergesunken war, befand ich mich in einem elenden Zustand. Ich war zu keiner Tätigkeit mehr fähig und lungerte nur noch auf der Couch herum. Auf Rat meines Sohnes Traugott und auch einiger anderer Ärzte entschloß ich mich, mir einen Schrittmacher einbauen zu lassen. In jenen Tagen machte mir ein Bibelwort in den Losungen der Brüdergemeine Mut zu diesem Schritt in meinem Alter: Siehe, hier bin ich, der Herr mache es mit mir, wie es ihm wohlgefällt! (2. Sam. 15, 26). – Erfüllt von diesem Zuspruch legte ich mich voller Vertrauen in Gottes und der Menschen Hände . . .

Da ich nur örtlich betäubt war, konnte ich mit wachen Sinnen den etwa 80 bis 90 Minuten dauernden Eingriff aufmerksam verfolgen. – Wenn ich richtig gezählt habe, waren fast 20 Menschen (Ärzte, Schwestern, Pfleger und sonst noch wichtige Hilfspersonen) an diesem Eingriff beteiligt – passiv auch ich. Obwohl ich gegen den Operationsherd sorgsam hochaufgetürmt abgedeckt war, sah ich doch durch einen kleinen Sehschlitz mein EKG wie einen Film ablaufen. –

Zwei Höhepunkte beeindruckten mich sehr: die geradezu gottesdienstliche Stille während des ganzen Vorgangs und – im Gegensatz dazu – das feine, fast ununterbrochene Gespräch, das der Professor mit mir führte, als seien wir beide ganz allein auf einem einsamen Bergpfad. Einmal fiel sogar ein Wort tiefer Selbstbesinnung, aber das behalte ich als kostbare Erinnerung ganz für mich allein. –

Die Internistin begleitete sachkundig den Vorgang, den mir der Professor laufend erklärte: das Aufsuchen einer geeigneten Ader auf meiner rechten Brustseite, das Einführen eines Kabels von der Einstichstelle bis hinein in mein Herz. Er kannte von zwei früheren Operationen her mein großes medizinisches Interesse.

Dies alles war komplizierter, als ich selbst gedacht hatte. Während des ganzen Eingriffs wurde alles auf einem Fernseher – Monitor genannt – stark vergrößert genau beobachtet. Ich habe nichts von allem gespürt. Gemerkt habe ich nur den größten Augenblick, als nämlich das Kabel an der richtigen Stelle meines Herzens angeschlossen wurde. Vielleicht konnte ich dies aber auch nur deshalb so empfinden, weil mein Professor den denkwürdigen Augenblick nach vorherigem Schweigen für uns alle und besonders für mich mit bewegten Worten ankündigte.

Nachdem ich chirurgisch versorgt und wieder aufgedeckt war, durfte ich auf meine besondere Bitte hin in dem mir nun nahegerückten Monitor mein Herz zusammen mit dem eingebauten Schrittmacher und dem Verbindungskabel in Aktion selber beobachten. Auf meine erstaunte Bemerkung hin, der Draht wackele ja so, antwortete der Meister: »Das ist nicht das Kabel, sondern Ihr Herz, das nun endlich normal pulsieren kann.«

Außer dem Chef und seinem engeren Mitarbeiterstab sowie der Internistin betreute mich während der ganzen Zeit eine kleine französische Schwester. Sie sorgte dafür, daß ich immer genügend Sauerstoff unter meinem Zelt erhielt. Der elektrische Apparat, den ich nun auf meiner rechten Brust trage, stammt aus Holland. Die Aufschrift für Notfälle ist englisch – also war und ist die halbe EWG an dem hilfreichen Eingriff beteiligt. –

Vom Krankenbett aus grüßte ich meine Kinder, sonstige Verwandte und Freunde mit dem Wort eines großen Gottesmannes und einem Gebet aus den Losungen. Oetingers Wort, das mich in jenen Wochen erfüllte, heißt: »Herr, gib mir die Gelassenheit, Dinge hinzunehmen, die ich nicht ändern kann. Herr, gib mir den Mut, Dinge zu ändern, die ich ändern kann. Und gib mir die Weisheit, das eine vom andern zu unterscheiden.«

Weil dann bald die Osterzeit kam, grüßte ich alle noch mit der Osterliturgie der Ostkirche: »Kommt, laßt euch durchwirken von Christus, dem österlichen Sieger!«

Das schönste Echo auf diesen meinen Bericht schrieb mir ein Kind: »Dein bester Schrittmacher ist aber doch sicher der Herr Jesus – ja?« Ich antwortete dem Kind mit einem vollen und runden »Jaa!« –

»Da hast Du mich!«

In der Waldensergemeinde Palmbach bei Karlsruhe fand
eine seelsorgerliche Vortragswoche statt. Die Herzen waren
aufgeschlossen und manche waren zu Entscheidungen bereit.
Darum wollte ich an einem Abend dieser Woche das Thema
Hingabe behandeln. –

Anfangs der Woche rief es von daheim an. Es meldete sich
mein Vikar, der als Offizier an der Ostfront kämpfte und während seines Urlaubs auch mich besuchen wollte. So lud ich ihn
ein, zu uns nach Palmbach heraufzukommen und bat ihn, am
Abend auch ein Wort zum Thema »Hingabe« zu sagen. Beim
Schluß des Glockengeläutes traf er ein, trat nach dem Schluß-
vers vor den Altar und erzählte, was er in Rußland erlebt hatte.
Er hatte an einem sehr gefährlichen Frontabschnitt mit seiner
Kompanie an einer Brücke gelegen. Die Russen beschossen sie
Tag und Nacht. Die meisten, die über die Brücke mußten, wurden verwundet oder fielen. Darum erhielt er vom Kommandeur
den Auftrag, mit einem kleinen Stoßtrupp die Brücke zu über-
queren und dann die russische Stellung anzugreifen und un-
schädlich zu machen. Unser Vikar beschloß, um seine Leute
tunlichst zu schonen, den Übergang erst einmal allein zu wagen
und die Lage drüben zu erkunden, bevor er den Stoßtrupp
nachkommen ließ. Tatsächlich kam er auch heil hinüber. Aber
kaum hatte er sich bis in die Nähe der russischen Stellung vor-
getastet, da ging die Hölle los: Erst flogen die russischen Handgranaten, dann schossen die Deutschen mit Granaten. Und
unser Vikar in völlig aussichtsloser Lage mitten drin. In dieser
mörderischen Nacht, die er mit Recht für die letzte seines Lebens hielt, schlug für unsern Vikar die Stunde der Hingabe.
Zwischen den explodierenden russischen Handgranaten und
dem deutschen Maschinengewehrfeuer von der anderen Seite
konnte er nur immer wieder zu Gott rufen: »Da hast du mich!«

154

Mit diesen vier Worten: »Da hast du mich« lieferte er in dieser Nacht sein Leben bedingungslos an Gott aus. –

Als endlich der Morgen graute, das mörderische Feuer abgeflaut war, und sein Stoßtrupp über die Brücke stürmte, stellten sie zu ihrem Erstaunen fest, daß alle Russen rund um ihn herum tot waren. Die russische Stellung war total zerstört. Er war allein am Leben geblieben! Seine Kameraden konnten es kaum glauben, sie hatten ihn schon lange verloren gegeben. Unser Vikar aber konnte seinem Kommandeur melden: »Befehl ausgeführt!« –

Damit brach er seine Erzählung ab und sagte nur noch: »So verlief die Stunde meiner Hingabe. Ich wünsche Euch, liebe Zuhörer in Palmbach, daß Eure Hingabe ohne Bomben und Granaten, ohne Schrecken und Tod erfolgen darf. Wichtig ist nur, *daß* sie erfolgt. Darum verschiebt die Stunde nicht, in der Er Euch dazu ruft. Es kann einmal zu spät sein!« –

In der Tat: Es ist für unser ganzes Leben und Handeln von entscheidender Bedeutung, daß es auch bei uns einmal zur Hingabe und Auslieferung unseres Lebens an Jesus Christus als unsern Herrn kommt. Es gibt soviel falsche Hingabe in dieser Welt, eine Hingabe an vergängliche Menschen und Werte. Darum können diese vier Worte uns zur einzig richtigen Hingabe unseres Lebens anleiten: »Da hast du mich!« –

Bei diesen vier Worten muß ich an einen Morgen im Theresienkrankenhaus in Mannheim denken: In einem Dreibettenzimmer hatte ich kaum »Guten Morgen« gesagt, da begannen die Patientinnen schon das Gespräch: »Herr Pfarrer, dürfen wir Sie etwas fragen?« »Natürlich«, sagte ich. – – – »Die Schwestern haben uns erzählt, daß Sie große Sorgen um die Gesundheit Ihrer Frau und Ihrer 90jährigen Mutter haben – stimmt das?« Als ich das bejahte, fuhr die Sprecherin der Drei fort: »Aber Sie müssen doch jeden Tag, ob Sie wollen oder nicht, und ob Sie können oder nicht, Sonne und Freude zu uns

Kranken bringen. Wie machen Sie das?« – Nach einigem Überlegen antwortete ich: »Das will ich Ihnen gerne sagen. Wenn ich morgens meine beiden kranken Mütter daheim verlassen muß, dann fällt mir das zunächst sehr schwer. Denn es ist noch niemand zur Hilfe da. Aber mit dieser Last auf dem Herzen darf ich ja nicht zu Euch kommen, sonst belaste ich Euch, und das darf nicht sein. Also muß ich, ehe ich von zu Hause fortgehe, erst einmal: *Loslassen.* Und unterwegs heißt es dann: *Ablegen!* Mittags geht es mir wieder so: Die vielen Kranken haben mir so große Probleme aufs Herz gelegt, daß ich mit solcher Belastung unmöglich wieder vor meine Lieben daheim hintreten kann. So heißt es also auch jetzt wieder: *Ablegen!* Dasselbe wiederholt sich dann am Nachmittag und Abend! Nur so geht's!« »Und wo machen Sie das?« »Nun, natürlich nicht im Luisenpark! Dazu ist ein Ort nötig, an dem alle Lasten wirklich abgelegt *bleiben.* Das kann nur das Kreuz unseres Herrn Jesus sein, der unser aller Lasten und Belastung auf sich genommen hat, damit wir bei ihm und durch ihn immer wieder frei und entlastet werden!« – Dann sagte ich meinen drei Patientinnen, die ganz still geworden waren, nur noch den schönen Vers von Paul Gerhardt, in dem es heißt: »Und werf all Angst und Sorg und Schmerz ins Meeres Tiefe hin!« und ging nach einem kurzen Gebet davon.

Als ich nach einer Woche wieder in dies Zimmer kam, besprachen die drei mit mir offen die Dinge ihres Lebens, die sie inzwischen bei *ihm* ablegen durften. Und so wurde unser Gespräch zu einer Stunde der Hingabe an *den,* der allein uns unsere Nöte und Lasten – auch die der Sünde – abnehmen kann. Und wieder standen am Schluß die vier Worte: »Da hast Du mich!« –

In seiner Hingabe liegt die Kraft zu unserer Hingabe – einmal ... und immer wieder, von Fall zu Fall.

Nachwort

Die Berichte, die hier weitergegeben wurden, bezeichnen fast ausnahmslos Erlebnisse mit Jesus, bei denen es oft für uns alle ums Ganze ging. Es soll für jeden Leser, vor allem auch für die jungen, deutlich werden: Unser Glaube ist ein Wagnis – ein Abenteuer – einmal und immer wieder neu; und jeder soll dabei zu eigener Antwort herausgefordert werden, ob er selbst zum Abenteuer mit Jesus bereit ist.

Jeder, der es wirklich mit Jesus wagt, kann und wird dann Ähnliches erleben. Jesus, von dem auf jeder Seite dieses Buches die Rede ist, hat ja selbst einmal gesagt: »Wenn jemand will des Willen tun, der mich gesandt hat, der wird innewerden ...« Damit will Er uns wohl sagen, daß jeder, der es ernst mit Ihm meint und darüber zum wirklichen Tun kommt, aus dem ewigen zögernden Herumlungern herausgezogen wird und mitten in den Stromkreis eines ungeahnten, neuen abenteuerlichen Lebens mit hineingenommen wird.

Franz von Assisi stellte einmal einem seiner Schüler *drei Fragen:*

1. Welches ist die größte Stunde der Weltgeschichte?

2. Welches ist der größte Mensch der Weltgeschichte?

3. Welches ist die größte Tat der Weltgeschichte?

Weil der Gefragte die Antwort nicht wußte, gab sie der heilige Franz selbst. Sie lautet:

1. Der Augenblick ist die größte Stunde.

2. Derjenige, dem du in diesem Augenblick begegnest, ist der größte Mensch, denn *er* kommt von Gott her. – Und

3. Was Du in diesem Augenblick *aus ganzer, reiner Liebe* tust, – und sei es auch das Unscheinbarste – *das* ist die größte Tat der Weltgeschichte.« –

Mit dieser Antwort des heiligen Franz von Assisi grüße ich jeden Leser dieser existentiellen Berichte. Das Wort »existentiell« bedeutet, daß es in vielen Ereignissen für meine Frau und mich – mitunter sogar auch für unsere Kinder – um Kopf und Kragen, d. h. um unsere gesamte Existenz in jeder Form gegangen ist. Das Gleiche gilt für fast alle, von denen in diesem Buch erzählt wird. Für sie und für uns stellten diese Erlebnisse tiefe persönliche Herausforderungen dar. Dürfen sie es auch für die Leser dieses Buches sein? – Wenn sie es wünschen, kann gern ein weiterer Band folgen.

Inhalt

FRIEDE

LEBENSHILFE

AUSBLICKE

1. – 8.000 1975
9. – 18.000 1976
19. – 30.000 1976
31. – 40.000 1977
41. – 50.000 1978